LUMINAIRE

光启

守望思想　逐光启航

成长与责任

董君武校长谈教育

董君武 著

上海人民出版社

LUMINAIRE BOOKS
光启书局

序　一

日前，上海市市西中学董君武校长邀请我为他的新作《成长与责任——董君武校长谈教育》作序，我感到不胜荣幸。君武任市西中学校长多年，最近又被评为上海市教育功臣，是位很有经验的教育家。我也是从事教育工作的，又是市西中学的校友，一直很关注他的教育理念和教育实践。有机会提前看到他的新作，我感到与他心灵相通，学到不少东西，当然是很高兴的事情。

我的母校上海市市西中学是一所颇具“海派”教育特质的上海传统品牌学校。她的历史可以追溯到1870年创办的“尤来旬学校”，后又更名为“汉璧礼西童公学”，并迁校至愚园路校址办学。此后，教育文脉不断。1946年，学校被正式命名为上海市市西中学，留美硕士赵传家先生执掌校长之职一直到1974年，他提出的“好学力行”校训，影响与熏陶了一批批市西学子，逐渐成为市西中学的一种文化标识。1965年，我有幸考入市西中学，后来尽管经历了动荡的岁月，1969年作为知青下乡到了北大荒。然而，在市西中学的4年，使我及当年的一大批同学在恢复高考之后，能顺利进入大学继续深造。可以说，是母校给了我们追寻理想的信念、直面困难的意志和坚持学习的能力，也是母校给我们打下了知识基础。母校给予我们的一切，让我心存感恩，一生铭记。

记忆中，第一次见到君武校长是在他履新市西中学校长之后。2012年，他与方秀红书记来到华东师大，跟我分享了市西中学新一轮发展的基本思路，并听取我的意见和建议。这次交谈给我留下了深刻印象，当时，君武到任新岗位不足两个月，对市西中学的发展愿景、目标，以及课程与教学改革的项目与路径，就已经建立了初步框架，特别是对2018年荣获全国基础教育教学成果一等奖的核心概念之一——思维广场，也已经有了比较系统的思考，这对一位新任校长而言，是非常有挑战，也更显可贵的。由此，对于母校在更高平台上的持续发展，我充满了信心和期待。

此后，董校长与我一直保持着联系。2014年，学校正式注册成立校友会，邀请我继续担任会长，2015年，学校注册成立教育发展基金会，邀请我担任理事长。因此，我每年都会有机会回到母校走走、看看，每次回去，都会看到市西中学在探索教育规律的过程中，推出的教改项目与其实践成效，都会听到学校面向未来，促进学生和学校发展新的思考和设想，让我深刻感受到君武是一位“不断学习、不断思考、不断探索、不断完善”的实干型校长。

近年来，“第一教育”等媒体经常会推送君武校长的文章，包括致新生的公开信、开学典礼上的讲话以及毕业典礼上的致辞，这些讲话凝聚着他对人才的思考与理解，对学生的关爱与教诲，对教育规律的研究与探索，常常能引发教师和家长的共鸣。我读过一些，很受启发。现在这些文章汇集成书，更有一种连贯性、系统感，所以我非常乐意将这本书推荐给大家。

我认为这本书至少值得三个群体来读。

第一个群体，自然是学生。董校长治校的培养对象是高中学生，他的文章是写给高中生看、讲给高中生听的。从他的文字中，不难发现很多内容、许多观点涉及为人、为学的根本性问题，因此其实也适合所有学生，甚至适合所有人去感悟，去思考。例如：“你会为自己的梦想追寻一生吗?”“愿你的灵魂给‘真善美’留一点空间”“今天，你还能悦纳‘平庸’的自己吗?”……这些主题都直抵人的灵魂深处，阐述着我们希望长成什么样的人。又如:“选择形成责任，规则造就品德”“读书与行走，生命的一种姿态”“学习，是一场超越功利的人生修行”……这些文字试图告诉大家：什么是学习？怎样学习？相信这本书可以引导学生去思考社会、思考人生、思考学习，从而更好地促进大家积极主动地追求学习与发展。

第二个群体，就是教育工作者。君武校长的这本书以一种独特的方式较为系统地呈现了市西中学这十年的办学实践与过程，给广大教育工作者提供了如何思考教育、如何深化课改、如何落地实践、如何改进学校的范例，反映了从理念选择与确立，到转变为教师与学生行为自觉的历程。例如:“‘看见’自己，发现更大的世界”“让生命在自由生长中绽放”“让学习更有价值”“‘三个面向’，引领学校发展”……这本质上都是对教育理念的选择与诠释。又如:“学习的选择与规则”“规则助力优势学习，健康奠基幸福人生”“聚焦学术性素养培育，促进全面而优势发展”……这又是教育实践与指导学习的行为选择。所有这些，可以启发大家对教育本原价值的追问，为我们按照教育规律办学提供可参考的探寻方向和实践路径。

第三个群体，就是学生家长。当前中国，教育是全社会的一个关注焦点乃至焦虑所在，特别是不少家长都试图将孩子纳入自己设计的发展轨迹，其实，这是一种值得讨论的惯性思维，而由此造成的后果在社会上也已经逐渐显现。这本书为广大家长换一个角度思考自己孩子的教育问题，提供了一种可能。这本书既有对社会现实的关注，引导大家培养孩子必须立足于社会需要，比如“理性：一种成熟的力量”“因为相信，所以拥有”“健康，人类最原始的追求”；又有对时代特征的诠释，告诉大家教育孩子必须置于特定时代去谋划，比如“未来，扑面而来”“智能化时代，如何超越自我”“AI时代，我们站在十字路口”；还有对人生价值的叩问，希望大家在关注“人”的发展过程中思考人生的意义，比如“平凡中的坚持与执着”“书写大写的‘人’”“人生，不是只有‘好’与‘不好’”……所有这些文章，都在努力提供思考社会、时代和人生的角度和方向，从而帮助大家更科学地面对孩子的教育问题，更理性地接受孩子的每一种学习与发展可能。这不仅对学生家长有帮助，或许也将对全社会有启发。

最后，值得一提的是，我现场听过君武校长的两次报告：一次是2016年10月，在市西中学命名70周年庆典上的讲话《“海派”市西，续写辉煌》；一次是2018年10月，在1968届毕业50周年纪念活动上的讲话《世界以痛吻我，我却报之以歌》。这两篇讲稿也收进了本书，让我从中再次体味到了君武对教育的情怀，对母校的热爱，以及对我们这代人所经历的时代的深刻理解。

很高兴因市西中学而认识董君武校长，很乐意有作序的机会向大家推荐这本书。恭喜君武，祝福市西！

上海纽约大学荣誉校长

2023年10月6日

序　二

第一次见君武，是在世博中心六楼的走廊里。我们匆匆见面，互加微信，说了句“以后慢慢再聊”，就各奔东西。短短的两分钟，给我留下想忘也难的三点：一口石骨铁硬的宁波话，他上来就自报家门，也是“娃师大”的，口音一重，领导的风味就浓郁了，好在他语速不慢，听着还是蛮亲切的；两人都是华师大的同级校友，他是数学系，我是中文系，他的专业我一窍不通，我不明白学数学的为什么特别喜欢让鸡兔同笼，但我看过的小说他也大多读过；三年初中三年高中之后，我的中学母校并入市西中学，他只能认可我也算市西校友了，当年没敢报考市西，这个愿望却在毕业近40年后实现了。

此后，我经常在微信里读到他的文字，开学典礼讲话，人大代表建议，教育工作札记，等等。相对于我的懒散，他着实勤快。一位重点中学的校长，况且是一位双子座的校长——我素不懂星座，只是据闻——双子座有着严重的精神洁癖和跟自己较真的不屈意志，日常工作之烦与忙是可以想见的，然而在几乎每天都是7-Eleven——作为一个尽心尽职的中学老师，早上7点到校则是常态，晚上11点能够结束工作却是难得——的工作之余，他还愿意并能够笔耕不辍，我是真心佩服的。

这些年来，我对基础教育有一些困惑，也一直想听听君武的高见。不谈大的问题，单说一点，我每次去学校开家长会，坐在相对低矮而狭窄的桌椅间，看着黑板上有些反光的粉笔字，就在想，孩子们每天早上8点走进教室，要这样坐到下午五六点放学，有的学生每天十多个小时是几乎不离开教室的，不少孩子已是一米七到一米八的个头，而且一坐就是12年。在诸多领域都已发生巨大变革的时代里，为什么我们的教室不能再大一点？为什么我们的课桌椅标准不能个性化一点？为什么我们课间已经不再鼓励孩子们走出教室去操场上奔跑？这些“微小的问题”，都是我想和君武“以后慢慢再聊”的话题。

我没有想到，我们俩的慢慢聊，是以我一口气读了他近20万字开始的。有一天，他微信发给我一个文件，以他一贯的低调与谦逊让我提提意见，我打开后还是有些吃惊，没想到他每年开学给新生讲话，连续21年没有中断，积累成这本《成长与责任——董君武校长谈教育》。

这是他教育的理念与实践的记录，也是他自己的人生印痕。我以为，这本书的内容，受教者看，可以教学相长；从教者看，可以如切如磋；教育政策的制定者与教育理论的研究者也应该看，毕竟知屋漏者在宇下。

以前每天上午第三节课前做眼保健操的时候，都会听到这样一段话：我们的教育方针，应该使受教育者在德育、智育、体育几方面都得到发展，成为有社会主义觉悟的有文化的劳动者。我们有过担心，我们所接受的教育，教会了我们积累知识、评判高下、选择对错，但是否也会蒙蔽了我们的某些基本判断与选择；我们的课堂教育看不见稻菽麦黍稷，看不见工人怎样做工，看不见农民怎样种田，看不见商品是怎么交换的，教育如何衔接社会……

雅思贝尔斯在《什么是教育》中说："教育是在人与人（尤其是年长者与年轻一代）的交往中，通过知识内容的传授、生命内涵的分享以及行为举止的规范，将传统交给年轻人，使他们在其中成长，舒展自由的天性。因此，教育的原则是使人在一切现存的文化滋养中走向本源、真实与根基，而不是只满足于获取平庸的知识——清晰界定的能力、语言与记忆内容不在此列。教育的过程是让受教育者在实践中自我操练、自我学习和成长。”

有人说，真正的教育不在于传授知识和技能，而在于能令人胜任任何学科和职业。按照苏格拉底的设计，教师与学生处于同等地位，双方都追求自由的思考。没有固定的教学方式，只有无尽的追问。由此，个人的责任被最大限度地唤起，并且丝毫不会松懈。作为教师的苏格拉底，他更愿意成为启发学生探索真理的引领者，而不是传递真理的中介人。教师的职责就是唤醒学生的潜在本质，使他在认识世界的同时认识自我，在学习知识的同时探索道德。

教育不仅是要改变每个人自己的命运，而且是要改变人类的命运。如果说改善社会的先决条件是每个人都接受教育，那其关键还是在每个人都能进行自我教育。华东师大老校长孟宪承说，现代大学的理想是，智慧的创获、品性的陶熔、民族和社会的发展。学以成人，才是教育的目的。如果以为读书好，是为了将来能找个好工作，可以多挣钱，从而过上幸福的生活，那么教育岂不成了个人的工具或手段，也就难逃或“卷”或“躺平”的结局。“如果一个人只为自己劳动，他也许能够成为著名的学者、大哲人、卓越诗人，然而他永远不能成为完美无疵的伟大人物。历史承认那些为共同目标劳动因而自己变得高尚的人是伟大人物；经验赞美那些为大多数人带来幸福的人是最幸福的人……如果我们选择了最能为人类福利而劳动的职业，那么，重担就不能把我们压倒，因为这是为大家而献身；那时我们所感到的就不是可怜的、有限的、自私的乐趣，我们的幸福将属于千百万人，我们的事业将默默地、但是永恒发挥作用地存在下去，面对我们的骨灰，高尚的人们将洒下热泪。”1835年，一位17岁的德国青年写下的在选择职业时的考虑，在他去世140年后的今天，依然会让我们洒下热泪。

作为我们这个城市的教育功臣，君武多年来一直倡导“成长中的责任”与“有责任的成长”。“成长中的责任”是对整个社会而言，如何形成让孩子们健康成长的共同责任，我们任重道远；而“有责任的成长”是对孩子来说的，教育不应该也不能够只是上课、补习与刷题，不是为了考大学跳龙门，也不仅是个人知识的积累与职业的选择，当然更不是使自己成为精致的利己主义者。教育关乎的不仅是身体与知识的生长与积累，更是人的价值观念与心智品性的全面成长，是使我们学习自己去获取知识，更重要的是立德树人，形成合乎人类共同价值的世界观，成为德智体美劳全面发展的社会主义建设者和接班人，因此，我们的教育应该是一种有道德的、有价值的、有品性的、有责任的教育。

我们走到哪里，都会记得自己生活和成长的城市；而我们的城市只能记住其中的一些人。我们今天记住陈鹤琴，是因为他倡导“活教育”，他说：“活教育的目的就是在做人，做中国人，做现代中国人。”今天的城市建设者在成长的过程中，多少都是受了一点陈鹤琴教育理念的影响或者熏陶的，陈鹤琴之后，我们和我们的城市还会记住谁，取决于我们今天的教育方针、教育实践和教育工作者的责任。

上海市社联党组书记、专职副主席

2023年10月22日晨

目　录

一、致新生公开信

二、毕业典礼致辞与寄语

三、开学典礼致辞

四、纪念文章及活动致辞

一

致新生公开信

志存高远，好学力行，乐观自信

致2012级新生的公开信

____同学：

你好！

首先，请允许我代表全校师生热忱欢迎你成为我们大家庭中的一员，从此，我们拥有一个共同的名字“市西”，“市西”将与你风雨同舟，伴你度过人生历程中非常重要的三年——高中阶段。

高中三年应该是每位同学拥有美好记忆的三年。同学们建立起纯真的友情，合作互助，刻苦学习，积极磨炼，在欢声笑语中逐渐走向成长成熟，在独立意识迅速觉醒的过程中，从懵懂少年长成充满激情和思想的青年。同时，也将迎来中国社会现实赋予每位高中学生的一次重要的人生选择与考验——高考，这对每位富有理想的高中学生而言，既是一次重大的挑战，会有不小的压力，也是青年时代值得珍惜的人生历练和宝贵财富。高考是人生途中的一个重要成长阶梯，经历了高考，成也好，败也好，如意不如意都是高中学生的一种人生体验，面对高考成败的心态将成为高中学生走向心智成熟的一个基本标志。

在你人生成长关键的高中三年中，市西将竭诚为你提供优质的教育。市西中学是上海市教委首批命名的实验性、示范性高中，学校源于1870年创建的“尤来旬学校”，1946年正式命名为市西中学。1953年，市西中学经上海市人民政府命名为首批市重点中学。66年以来，秉承“好学力行”的文化传统，一批批市西学子成长为各行各业的优秀人才和建设者。近年来，学校致力于课程教学改革，形成了雄厚的师资队伍和管理团队，建成了一批学校特色项目和名学科。随着历时四年的学校改扩建工程的完工，学校深化课程教学改革有了更为先进、更为完备的硬件支持，学校正在酝酿积极稳妥地推进课程教学改革的实验项目，努力为每一位学生自主选择适合自己发展的学习，提供更加丰富的课程与教学。这就需要市西学子以更加积极的心态，自觉投身于主动学习的过程中。一个人的成长，外因是重要条件，而内因是关键，在你即将进入市西中学学习之际，我想对你的高中三年学习生活提几点建议，希望你能够“志存高远，好学力行，乐观自信”。

一、“志存高远”是一种人生态度

市西中学作为一所具有深厚文化积淀的优秀的品牌学校，致力于为每位学生提供适合自己的课程与教学，促进学生通过自主、自觉的学习，实现“人格+学力”的全面和谐发展。作为市西学子，就应该“志存高远”，要有理想，有追求，要富有责任感。市西人不仅要学业出众，有优异的高考成绩，更要追求学习兴趣和爱好的培养，追求高阶思维和创新素养的培育；市西人不仅要有丰富的学习与实践经历，在各种实践中体验与感悟，更要明确自己肩负的责任，这种责任表现为对自己生命的珍爱和对生活的热爱，对他人生命的尊重，对大自然生灵的关爱以及对社会、自然和谐的向往，也表现在自己对父母、师长、亲友、同学的挚爱，表现在对学校、社区、城市、国家以及人类发展所肩负的责任与使命。所有这些汇集成市西人对人生价值的基本判断与追求。

二、“好学力行”是市西文化传统

“好学不倦勤攻错，力行不怠贵自强。”66年以来，市西中学首任校长赵传家先生提出的“好学力行”校训，不仅伴随着校歌的乐曲代代传唱，更重要的是“好学力行”已经内化为所有市西人基本的行为准则，成为市西人追求发展过程中强大的精神支柱和内在动力。“好学力行”既是一种过程，又是一种目标，这就是说：一方面要求市西学子能够喜欢学习，努力践行；另一方面希望市西人将“好学”与“力行”内化为自己的一种学习品质与行为素养。希望市西中学的每一位学生能够将“好学力行”体现在自己的学习与实践中。作为学生，刻苦学习，是热爱国家和人类最直接的体现，希望市西学子通过认真学习，今后为国家和人类的进步作出贡献。

三、“乐观自信”是一种心理状态

人生几何，得失成败，酸甜苦辣都会常伴我们左右，关键是我们怎样面对。只要我们乐观地去面对世事种种，就会更多地品味到世界的美好和温暖。在我们面对失败、挫折和失意的时候，乐观自信显得尤为重要。请相信：成功者与失败者的一个重要区别在于面对失败的态度，失败者可能只拥有了一次失败，而成功者却往往是从许多次失败的打击中坚强地走来。因此，学习和工作中，乐观自信是取得成功的最基本的品质之一。

高中三年的学习生活即将展现在各位同学的面前，同学，你准备好了吗？让我们一起努力，在高中这一人生的重要阶段，努力塑造“志存高远，好学力行，乐观自信”的人生，使高中三年成为每位同学人生中最美好的经历之一。

祝充实愉悦，不断进步！

2012年7月18日

未来，扑面而来

致2013级新生的公开信

____同学：

你好！

祝贺你正式成为市西中学的一员，从此市西就成为你人生中一个不灭的文化印记。然而，在你收到录取通知的那一刻，你想到了什么？此刻，我最想告诉你的一句话是："未来，已经扑面而来，你准备好了吗？"为此，我想借这个机会，与你作一次笔谈，共同探讨"我们怎样去迎接'已来的未来'"这一命题。

信息技术的发展，正在改变着社会现实，海量信息的出现，产生的直接结果就是信息的迅速更新。据近年相关统计，世界上有2.34亿家网站，3.08亿个博客；在中国，个人博客作者达到1.8亿人，中国网民规模破5亿，移动上网人数超过美国人口。每天大约有3亿人向谷歌提问20亿次，谷歌收录的资料超过2亿多个网站，5亿多条数据，人们每天发送电子邮件2 940亿封，人们每天发送的文字信息数远远大于地球总人数……然而，学校教育其实是“以过去的知识，现实的方法，培养未来社会所需要的人才”，当我们感叹于“2010年最热门的10个职业，2004年还根本不存在”的时候，我们就应该明白：在学校中，学习知识固然重要，而培养自觉学习的意识和形成科学的学习方法显得更为重要。“让学习成为一种习惯，一种生活方式”，应该成为全体市西人的一种追求。

首任校长赵传家先生提出的“好学力行”校训，是市西师生60余年践行和传承铸就的文化传统，已成为市西中学的文化标识。“好学力行”既是一种目标，也是一种过程：每位市西人应该将“好学力行”作为自己学习和行为的目标，同时，这一目标的达成需要以“好学力行”的过程来支撑。市西学子应该志存高远，同时脚踏实地，既要以民族的复兴和社会的进步为己任，又要将这种理想和追求体现在日常的学习和行为中。

市西人应该以自觉学习作为自己的基本目标和行为要求。市西的课程与教学，给广大学生的发展提供了充分自主选择的时间、空间和内容，你的选择将决定或影响你的未来，你将享受正确的选择给你带来的成果，需要承担错误的选择可能造成的风险。高中时代是人走向成熟的重要阶段，市西人应该在选择中形成对自己、对社会、对大自然的责任。在这里特别要提醒大家："不上课≠不学习""无作业≠不学习"，不上课，没有教师布置作业，应该成为市西学生培养自觉学习意识的重要机会，不上课的时候应该针对自己的学习特点、兴趣和爱好，拓展自己的视野和学习领域，没有作业恰恰是丰富自己学习经历的机会，因此"不上课"和"无作业"本质上是对市西学生更高境界的学习要求。

"自信参与"是市西人学习过程中应该关注的心理品质。"参与是走向成功的第一步"，没有参与就没有成功。市西中学的课程和教学，给广大学生提供了充分选择的可能，研拓课程、思维广场、微型讲座、阳光体锻，社团活动、四大节日、社会实践等，都是学生学习和发展的平台，"活动就是课程，实践就是学习，经历就是收获"，市西学子应该在不同的学习途径中去实践、去体验、去感悟，从而逐渐发现并培养自己的志趣，积极主动自觉地追求发展。"自信是成功的基石"，成功者常常是在一次次失败中走出去的，市西人应该充满自信地去学习、去生活，自信地去面对可能碰到的困难和问题、挫折和失败，自信地迎接每一天的到来。当然，自信并非自以为是，真正的自信是建立在自己刻苦勤奋地学习和执着追求理想的过程中，建立在对生活的热爱，对生命的珍爱，对大自然的敬畏，对社会和人类的感恩基础上的。

最后，我想强调一点，每位同学从拿到录取通知书的那刻起，就应该开始思考：我的人生准备怎样度过？我的高中生活应该是什么样的？在这些问题的思考过程中，逐渐明确自己的人生目标和高中学习的具体目标。值得指出的是，市西人应该“好学力行”地追求德智体美劳等方面的全面发展，努力为自己健康、幸福而卓越的人生奠基。期待着我们共同拥有美好而充实的高中三年。

祝学习愉快！学业进步！

2013年7月15日

选择形成责任，规则造就品德

致2014级新生的公开信

____同学：

你好！

祝贺你正式成为市西中学的一员，从此市西就成为你人生中一个不灭的文化印记，市西将始终伴随着你，成为你一生的拥有。然而，在你收到录取通知的那一刻，你想到了什么？去年的此刻，我与2013级的新生笔谈："未来，已经扑面而来，你准备好了吗？"今天，我仍然非常想与大家谈论这一话题，而2014级将是中国教育史上非常特殊的一届，全面改革之后的高考新制度将在2017年正式试行。因此，我更想与大家讨论诸如选择、责任、规则、品德等这些关键词，以更好地回应高考制度改革的价值导向，更好地促进每一位市西人全面而富有个性的发展。

首任校长赵传家先生提出的“好学力行”校训，是市西师生60余年践行和传承铸就的文化传统，已成为市西中学的文化标识，以此影响和教育了一代代市西师生。在新的发展时期，“志存高远，好学力行”已成为当代市西人共同的价值追求和行为准则。“志存高远”要求学生有理想、有追求，具有远大的志向和广阔的胸怀，要以民族的伟大复兴和社会的持续进步为己任；“好学力行”要求学生有责任、有担当，要脚踏实地、勇于实践，要勤学、善学、乐学、博学，要让学习成为市西人的一种生活方式。

那么，什么是学习呢？这是一个有不同界定的概念，其中有一种界定认为：学习是一种信息编码的过程。从这一认识中，我们不难发现：在学习过程中，信息的获取固然重要，可能更为重要的是编码，即将信息结构化、系统化，并内化为学习者自身的知识、能力和素养的过程。于是，学习者对信息的编码方法、途径、能力等，一定程度上反映着学习的能力水平，成为教与学必须关注的重要任务。

因此，市西中学在长期的教育实践中，一贯重视知识的夯实、能力的培养、素养的提升和思维的发展。我们希望市西学子能够充分关注并重视下列四个方面品质的形成和发展，为自己未来成为优秀人才打下扎实的基础。

一、尊重规则会选择：适合的教育是最佳的教育，适合的课程是最好的课程。人生有诸多不确定的因素，对理想的追求、对信念的坚守及对未来的期许，蕴涵着许多种可能，对每一种可能的选择，常常会导致不一样的人生。市西的课程与教学，给广大学生提供了充分的自主选择的时间、空间和内容，你的选择将影响你的未来，你将享受正确的选择给你带来的成果，也要承担自己错误的选择可能造成的风险。高中是学生走向成熟的过渡阶段，市西人应该在选择中形成对自己、对社会、对大自然的责任。市西倡导“不上课≠不学习”“无作业≠不学习”的理念，“不上课”“无作业”，事实上给广大学生提供了更为广阔的可供自主选择的时间和空间、内容和方式，这就需要每位学生根据学习规律、行为规范等规则的要求，自觉、科学、合理、有效地安排自己的学习。希望市西学子通过高中三年的学习，逐渐学会和养成“尊重规则，善于选择，敢于担当”的品质。

二、合作包容有爱心：教育是更好地实现自然人向社会人转变的过程，作为社会人应善于把握人与自身、人与他人、人与社会、人与自然的关系。当代社会，团队合作已成为完成许多项目的基本方式，市西学子应关注团队合作精神的培养，善于在帮助他人，分享观点、体会和经验的过程中，实现学习与发展。包容是一种对自身、对他人、对社会的人生态度，市西人应该在学习过程中，逐渐感悟并践行对自身失败和挫折的包容，对他人错误和冒犯的包容，甚至自己在社会中遭遇不公正时，也能以包容的心态泰然处之。而爱心，表现为对自己的珍爱、对他人的尊重和关爱、对社会和大自然的热爱，市西人应该以博爱之心面对身边的一切，承担起对自己、对他人、对社会和大自然的责任。

三、实践创新善质疑：市西的社会实践是有传统的，见习居委主任、“扫大街”活动、南京考察、红色之旅等，都已经坚持了20多年。近年来，学校又新增了一些实践项目，如寻访身边的市西校友、暑期文化游学、进楼宇看企业等，这些都是广大学生投身于社会和自然，获得直接经验的重要途径，希望每一位学生能够积极参与，重在实践，在参与和实践中获得行为和价值选择的升华。创新素养的培育是当前优质高中积极探索的项目，贯穿于广大学生高中三年学习的全部过程，近年来，学校扩建了创新实验室，首创了思维广场，开设了微型讲座等，希望广大学生能够充分运用这些教育资源，勤于思考，善于质疑，通过一些问题的提出与解决，促进自己创新素养的培养和高阶思维的发展。

四、身心健康全人格：市西中学20世纪就提出了“人格+学力”教育，学校不仅关注学生的学业发展，更关注学生健康体魄的形成和健全人格的养成。从今年开始，我们将借鉴国际课程中对学生开展生涯规划和学生发展指导的做法，在2014级探索基于学生个性分析和学业诊断的、个别化的生涯规划和学业发展指导，希望每位同学在寻访自己身边的市西校友的基础上，通过对自己人生未来的思考，在教师和父母的指导下逐渐形成自己的人生规划，并确定高中三年的学习目标和任务，并且，将这些作为自己高中三年和未来人生路上追求发展的内在动力，将目标的实现体现在自己持续的学习和行为改进中。

各位同学，“未来已来”。作为市西人，在拿到录取通知书的那刻起，就应该开始思考：我的人生准备怎样度过？我的高中生活应该是怎么样的？每位市西学子应该“志存高远，好学力行”，在学会“选择”中“形成责任”，在尊重“规则”中“造就品德”，追求全面而富有个性的发展，努力为自己健康、幸福而卓越的人生奠基，期待并相信市西学子共同拥有美好而充实的高中三年。

祝学习愉快！学业进步！

2014年7月15日

平凡中的坚持与执着

致2015级新生的公开信

____同学：

你好！

祝贺你正式成为市西中学的一员，从此市西就成为你的人生中一个不灭的文化印记，市西将始终陪伴着你，成为你一生的拥有。然而，在你收到录取通知的那一刻，你想到了什么？

2015年，是中国人民抗日战争暨世界反法西斯战争胜利70周年。市西中学正是在胜利之时命名，留美硕士赵传家先生担任首任校长，他提出并践行了“好学力行”的校训，由此奠定了市西中学优秀的文化传统。70年来，中国在“富强、民主、文明、和谐”的发展之路上迈进，取得了可喜的成就。然而，在中国发起组建“亚投行”的签约之时，中国却经受了前所未有的“股灾”，在感受社会中市场经济的力量时，我想到了今天的主题。今天6:00，超强台风“灿鸿”的警报解除，风轻云淡的时刻，我们却无法忽视“疾风暴雨”中大自然的力量，于是我决定与各位同学谈谈“平凡中的坚持与执着”这一命题。

路遥的《平凡的世界》随着电视剧的热播再次引起更多人的关注，《平凡的世界》给我们展现了普通人的人生，这里有人们的理想和追求，有他们顽强的坚持；这里有人们对生活和未来的信念，有他们坚定的执着；这里有不同人的生活和生存状态，他们都在平凡而坚强地前行……《平凡的世界》，让我想起20年前我在学生的周记中写下的一段话："执着，不易；执着于不凡，很难；执着于平凡，更难。执着于平凡，这是一种境界，一种一般人很难企及的境界。"

执着于平凡，这是一种价值追求，一种远离名利，却坚定地践行自己人生信念的生活状态。当我们不把创造“不凡”作为自己的人生目标时，我们可以更加坦然地面对生活的种种际遇，平静地接受命运给了自己的每一种境遇。

执着于平凡，并不是平庸，并不意味着追求一种碌碌无为的人生。执着于平凡，就是要抛弃“不凡”的功利追求，坚定地去做自己喜欢并对社会有价值的事情，执着于自己努力的践行，而不在乎自己的努力是否会带来“不凡”的结果。事实上，不凡的业绩不是由自己判定的，当我们超然于“不凡”这一目标追求，平静而坦然地去做好自己喜欢和应该做的每一件事时，说不定与“不凡”不期而遇。当我们“执着于平凡”之时，我们会多一份平静与淡然，也许我们的人生之路会因此走得更好、更远，也许这样，我们会成为更好的自己。

我无法证实孔子在阐述“好学近乎知，力行近乎仁，知耻近乎勇”时的心路历程，然而我想象着赵传家校长将“好学力行”作为我校校训的思考。市西学子，应该是一名践行者，努力践行对社会有价值的事情：第一次就把事情做对，每一次都把事情做好。我们可以不在乎“做对”“做好”每件事会带给我们什么，但我们应该关注我们是否努力地去践行了“做对”“做好”自己认为有价值的事，而且这里所指的价值是超越名利的。

各位同学，我与2013级讨论了“未来，已经扑面而来”，着眼于未来的发展；与2014级讨论了“选择形成责任，规则造就品德”，关注学习的责任与品德的形成，今天与大家讨论“平凡中的坚持与执着”，则深入到人的内心世界。我想告诉同学们，社会和大自然的力量可以造就或摧毁许多，然而，这些巨大的力量，却不一定能够影响人的内心，只要自己的内心足够强大，我们的心中就拥有了世界，得失成败，酸甜苦辣，都会成为心中一道美好的风景。

执着于平凡，在平凡中坚定地践行，“做对”“做好”每一件美好而有价值的事情，我们一定能够成为更好的自己。期待并相信：市西学子为自己健康愉悦、幸福美好的人生，拥有坚定践行“好学力行”的高中三年。

祝学习愉快！学业进步！

2015年7月12日

读书与行走，生命的一种姿态

致2016级新生的公开信

____同学：

你好！

祝贺你正式成为市西中学的一员，从此市西就成为你人生中一个不灭的文化印记，市西将始终陪伴着你，成为你一生的拥有。然而，在你收到录取通知的那一刻，你想到了什么？你的市西三年将怎样度过？你的人生是否会因市西而变化，或者市西（甚至社会）是否会因你而有所改变？……怀揣着对你的现实和未来的太多想象和期望，我还是坚持使用已经渐渐淡出人类社会的书信笔谈方式，与你进行一次关于人生和学习的交流，若能给予你点滴的帮助和启发，我也会拥有一份发自心底的愉悦。

2016年，是市西中学具有特殊纪念意义的一年。2016

年，静安、闸北“撤二建一”正式实质性启动，市西招收了新静安背景下的第一届学生，你不仅是新静安高中教育第一批完整的见证者，更应该成为市西新辉煌的全新历史的开创者；2016年，可以溯源至1870年、教育文脉延续至今的市西中学，迎来命名70周年的盛大节日，市西这片教育沃土以百年的坚守，谱写了市西中学“海派”教育的文化特质："海纳百川”的历史渊源，“兼容并包”的教育情怀，“好学力行”的文化传承，“敢为人先”的教改探索，“追求卓越”的执着信念……所有这些，既为你的人生和未来发展奠定了坚实的基础，也对你续写市西“从优秀走向卓越”新篇章提出了新的希望，期待你成为创造市西新辉煌的践行者。

今天，看似悠闲地喝着咖啡与各位同学笔谈，其实我的内心并不平静。2016年7月12日，我不清楚这一天会以怎样一种方式载入史册，我目前也不完全清楚关于南海的非法仲裁对中国的未来意味着什么，但是，我清晰地知道自己作为教育者的责任。我至今记得1999年5月8日（当时5月1—7日休假）第一节课，在我要求下，我与全班同学一起向在以美国为首的北约悍然轰炸中国驻南使馆中遇难的烈士默哀，依然记得当时我对学生说过梁启超《少年中国说》里的一句话："少年智则国智，少年富则国富，少年强则国强……少年雄于地球则国雄于地球。"教育应该努力让每个人成为更好的自己，教育应该使人类拥有更多美好与幸福。因此，教育应该关注每个人的内心成长与成熟，还应该关注民族的复兴、国家的命运，关注人类进步和社会正义。市西学生应该志存高远，好学力行，努力把"身心健康全人格，尊重规则会选择，合作包容有爱心，实践创新善质疑，胸怀天下担责任"作为自己学习与发展的目标。

"努力让每位学生成为更好的自己"，这是市西中学非常重要的教育价值与目标追求。而"更好的自己"体现在学生拥有对自我的充分认知和强大的内心力量，体现在对他人信任、尊重、合作与包容，体现在对民族、国家和人类负责的宽广胸怀，体现在对大自然充满敬畏的思考与探索……所有这些构成了市西学子努力成为"更好的自己"的过程与目标，这一过程的实施和目标的达到，需要每位学生源于自身需要的持续学习。

学习是人类与生俱来的一种遗传素质，智能正常的人只要生活在正常社会群体中，不需要专门教育，他就可以学会走路，学会说话，他就具有对未知的新鲜事物充满好奇和探究的学习欲望，会不断地追问："这是什么?""那为什么?""这又怎么啦?"……在孩子幼小的心灵中满载着探索未知世界的强烈的学习动机和本能欲望。作为市西学生，你是否还保有这样一种对世界充满好奇的学习天性?是否还会经常萌生这样那样探究的问题?是否还具有去探究任何新奇事物的冲动?各位同学，学习是大自然赋予人类最重要的生存能力之一，我们不要因为知识的积累和能力的提高，而丧失持续学习的动力和激情，错失通过自己持续学习实现素养提升的重要时机。同时，我们要清醒地认识到：学习应该是一种去功利的过程，是一种超越功利的过程，是一场穿越人生的修行，只有通过超越功利的学习，我们才能更加豁达面对世事种种，才更有可能成为更好的自己。

"读万卷书，行万里路"，读书和行走是与学习密切相关的人类活动。读书是吸取间接经验、获得明述知识的重要学习过程，而行走则是感悟直接经验、获取默会知识不可或缺的学习途径，"读书"和"行走"是学生学习过程中相互依赖、相互补充的两个环节。每个人一出生，就开始了对未知世界的学习与探究过程，开始了尝试走向远方的行走过程。人生，一定程度上说就是一次随时间不会回头、不断前行的旅程，不管你愿意不愿意，岁月总是不可抗拒地滚滚向前。因此，读书与行走，可以说是生命的一种姿态。

在当前的教育背景下，我们不仅要有“读破万卷书”的意志和信念，更要注重“行走”这一学习过程，要有“行走万里路”的勇气和毅力。当我们坚定地践行“读书”和“行走”的时候，我们一定会拥有更加美好的生命姿态，这样，“即使跌倒了，姿势也非常豪迈”。读书和行走贯穿了每个人的成长历程，构成了人生旅途中一种生命姿态。各位同学，你将以怎样的姿态去面对人生？以怎样的读书与行走去迎接自己的未来？这是你高中阶段应该认真思考，并努力寻求答案的问题。市西将在你寻求解答的过程中，一路与你相伴。

各位同学，人生，对现在的你来说，似乎是一个宏大的命题。但是，我想告诉你，作为高中学生，必须开始思考人生，规划自己的未来，并努力地体现在自己的行为中，这是市西学生践行“好学力行”的具体表现。“好学近乎知，力行近乎仁，知耻近乎勇”，市西学子应该志存高远，努力践行对社会有价值的事情。第一次就把事情做对，每一次都把事情做好。我们可以不在意“做对”“做好”会给自己带来什么，但应该关注自己是否努力地去践行了“做对”“做好”有价值的事，而且这其中包含了自己超越功利的读书和行走的过程。

各位同学，社会和大自然的力量可以造就或摧毁许多，然而，这些力量再巨大，也不一定能够影响人的内心，改变人的信念，只要我们具有足够强大的内心，我们就一定可以拥有世界和未来，到时无论得失成败，酸甜苦辣，都会成为心中一道美好的风景。期待并相信：每位市西学子坚持“好学力行”，通过读书与行走，成就更好的自己，拥有健康愉悦、幸福美好的人生。

祝学习愉快！学业进步！

2016年7月12日

智能化时代，如何超越自我

致2017级新生的公开信

____同学：

你好！

祝贺你正式成为上海市市西中学的一员！从此，市西就成为你人生中一个不灭的文化印记，陪伴你走过春秋，走过冬夏，成为你一生的拥有。然而，当你收到录取通知的此时此刻，是怎样的一种心情？是大功告成的欣喜，是小有成绩的满足，还是展望未来的憧憬？市西三年的画卷已经在你的眼前逐渐展开，你将以怎样的笔墨，怎样的色彩，描绘这三年不算太短的画轴？这三年的人生之画，你是唯一的勾画者，真正的创作者，每一笔、每一画、每一抹色彩，都需要你智慧的投入与沉思，都需要你行为的付出与慎独。没有人可以代替你自己，你的父母、教师和亲友等，充其量只能成为你的思想的引导者和理解者，你的行为的支持者和批判者。高中三年，需要你对自己的思想和行为作出判断和选择，并逐渐承担起作为成年人的责任，你，准备好了吗？

2013年，我给2013级市西新生公开信的主题是“未来，扑面而来”，其中描述了一个事实：“2010年最热门的10个职业，2004年还根本不存在。”今天，清扫房间的机器人已经走进千家万户，无人驾驶的自动汽车已经研发成功，即将进入批量生产阶段，医疗的部分外科手术开始有机器人的参与……智能机器人正以飞速的发展替代大量的人类劳动，有专家预测：也许是40年，也许不到30年之后，当前60%以上的人类劳动可能被机器人替代。同学们，你们一定会拥有并经历这样的未来，那么，今天的你应该为未来做些什么准备呢？今天应该学习什么？怎样学习？这是作为市西学子现在就应该开始思考的问题。我想围绕这些问题，从三个方面与各位同学讨论。

第一，学习什么？

面对智能化时代，知识固然重要，然而更重要的是通过知识的学习，理解掌握相关知识的生成和发展过程，把握知识的本质和规律，从中形成科学的思维方式和正确的创新方法。也许，目前的以纸笔考试为主的制度仍会沿用相当长的一段时间，但是，面对智能化时代，我们必须清醒地认识到，知识类的信息获取会越来越便捷，而获取信息之后通过归纳、综合、分析等方法对信息进行处理，并有效运用信息，对人的发展就显得更为重要。因此，可以预见，以简单的“刷题”方式，即使可能取得纸笔考试的高成绩的同学，在智能化的时代必将越来越缺乏生存与发展的优势，甚至可能会处在明显的弱势之中。我们不妨作一个大胆的预测：随着智能化机器人应用范围的拓展和程度的加深，人类教育的考试与评价不排除进入全面“开卷”时代的可能，“闭卷”的纸笔考试逐渐被“开卷”所替代而成为一种历史。

第二，怎样学习？

关于这个问题，我首先想与大家讨论的话题是：自觉学习，学习是每位同学发自内心的需要。在市西中学，学习是每位学生自己的责任，学校和教师将尽其所能为自觉学习的学生提供广泛选择的条件，为学生的个性化优势发展提供全力的支持。市西坚持“选择形成责任，规则造就品德”，每位学生必须对自己的行为选择负责，享受正确的选择给自己带来的成果，也必须由自己承担错误选择带来的风险；市西坚持“不上课≠不学习”“无作业≠不学习”，“不上课”和“无作业”其实更需要同学们对自己学习负责的行为自觉，科学地配置和管理自己的学习时间，开展符合自己现实基础、个体特质和发展需要的学习活动。

值得指出的是，在智能化时代，“规则”对于人类而言显得尤为重要，随着智能机器人的自学习系统的突破，拥有学习功能的机器人的智能存在超越人类的可能性，当这样的时代到来时，人类与“机器人”的和谐共处问题，将挑战人类智慧与伦理。因此，在开发和研制拥有学习能力的智能机器人的过程中，建立符合人类伦理的、协调“人类”与“机器人”关系的基本规则和社会秩序，这是人类必须提前思考并解决的问题，这样才可能使智能机器人更好地服务于人类，避免人类被“机器人”控制或奴役的悲剧发生。所以说，对今天的学生而言，对于各种规则的尊重与遵守，应该成为最基本的素养和要求，这样才能使我们面对智能化时代，可以坚定地守护人类伦理和基本规则，让智能机器人真正服务于人类。

在“怎样学习”的问题上，市西学子应该懂得：“参与是走向成功的第一步”，没有参与就没有成功，坚持“活动就是课程，实践就是学习，经历就是收获”，在不同的学习途径中去实践，去体验，去感悟，进而逐渐发现并培养自己的志趣，充满自信地去学习，去生活，带着笑容去迎接每一天的到来、每一种可能的遇见。

第三，为什么学习？

在讨论“学什么”“怎么学”的问题时，绕不开“为什么学习”这一学习的出发点问题。对于这一问题，不同的人会给出不同的阐述，也很难简单地给予评价。我只想告诉各位同学：学习是为了“让自己成为更好的自己”，学习应该是一场充满愉悦体验、丰富自己内心的人生旅程，是一种穿越人生、超越功利的修行。通过超越功利的学习，我们才能更加豁达地面对世事种种，才更有可能成为更好的自己。“更好的自己”体现在学生拥有充分自我认知和强大内心力量，体现在对他人信任尊重基础上的合作与包容，体现在对民族、国家和人类负责的宽广胸怀，体现在对大自然充满敬畏的思考与探索……所有这些构成了市西学子成为“更好的自己”的目标与过程，这需要每位学生源于自身需要的持续学习才可能得到实现。

各位同学，社会和大自然的力量可以造就或摧毁许多东西。人类进入智能化时代已经成为科技发展的历史必然，智能机器人一方面将给人类带来极大的便捷，另一方面却存在毁灭人类的潜在危险。在这样的时代即将来临之际，作为市西学子必须对自己和社会有所思考，有所憧憬，有所规划，并体现在“好学力行”的践行中，努力以“尊重规则会选择，合作包容有爱心，实践创新善质疑，身心健康全人格，胸怀天下担责任”为目标锤炼自己。期待并相信：每位市西学子会“志存高远，好学力行”，通过持续的读书与行走，成就更好的自己，拥有健康愉悦、幸福美好的人生！

祝学习愉快！学业进步！

2017年7月12日

AI时代，我们站在十字路口

致2018级新生的公开信

____同学：

你好！

欢迎你正式进入上海市市西中学，成为“市西”大家庭中的一名新成员！从此，市西就成为你人生中一个不灭的文化印记，陪你走向未来，走过岁月；市西将成为你永远的精神家园，走向社会，走过人生。

2018年，戊戌年，一个以中国历法干支纪年，颇具历史感的年份，让我思绪万千。一度很想与各位同学讨论戊戌年的历史和现实，细细想来，自己对历史缺乏深入的研究，难免会以偏概全。于是，最终决定还是与大家谈谈未来，让我们一起在畅想未来的过程中，共同讨论：我们该怎么面向未来，来建构今天的学习？

我与2017级新生讨论“智能化时代，如何超越自我”这一主题，将话题直接指向人的内心世界，希望每位学生能够明白：学习是为了“让自己成为更好的自己”，学习应该是一场让人充满愉悦体验、丰富自己内心的人生旅程，是一种穿越人生、超越功利的人生修行。并告诫大家：社会和大自然的力量可以造就或摧毁许多东西，却难以影响人的内心世界，只要我们的内心足够强大，我们就拥有了面对世事种种的信念、勇气和力量，而读书和行走所构成的超越功利的学习，可以使我们的内心更加强大。

各位同学，最近一年，“人工智能（AI）”已经成为一个网络热词，“AI”正在迅速地改变着社会，改变着我们的生存与生活方式。此时此刻，我想与大家继续讨论一个话题：面对AI时代，我们站在哲学重建的十字路口，人类正面临社会伦理重新建构的考验。

施一公教授作为一名生物学家，在“未来论坛”年会上发表的题为“生命科学认知的极限”这一演讲，从生物医学到量子力学，展现了他对生命之谜的不懈追问。他的演讲中用通俗的语言解释“量子纠缠”（两个或多个“纠缠”的量子，不管相隔多远，其中一个量子形态发生改变，其他量子会瞬间同时发生相应变化），他引用著名的理论和实验物理学家Matthew Fisher所笃信的观点："人的意识、记忆和思维是量子纠缠的，要用量子理论来解释。"进而推测"第六感官"存在的可能性，施一公教授说："科学发展到今天，我们看世界完全像盲人摸象一样，我们看到的世界是有限的，我们自己认为它是客观的世界。其实我们已知的物质的质量在宇宙中只占4%，其余96%的物质的存在形式是我们根本不知道的，我们叫它暗物质和暗能量。"关于暗物质、暗能量和量子纠缠的三项科学成果，搅乱了当今世界，使我们必须面对哲学一种颠覆性的重建："把意识放到分子、量子态去分析，意识其实也是一种物质。"同样，我们必须面对物理世界的重建："根据测定，量子纠缠的传导速度，至少4倍于光速"，这突破了"光速不可超越"的物理学理论基础。

科学研究的新发现，不断挑战着人类的认知极限，我们唯有以强大的内心去面对被人类认知拓展了的世界，以及由此而重建的哲学。技术创新的新发明，同样改变着人类对世界的认识，引发着哲学及伦理的重建。

20多年前，我在畅想未来时，曾经提出一个观点："生命只是智慧存在的一种方式。"今天，人工智能技术的迅猛发展，正在模糊人类与"机器人"的界限。一方面，人工智能自适应学习能力的持续增强，不能排除其智慧水平超越人类的可能性，那时，在地球上就可能存在两种具有智慧的“物种”。所以，人类在发展人工智能时，应该重建哲学，重建我们对世界、人生和价值追求的认识，以超前的思考，建构人类与“机器人”和谐共处的基本规则，建立新型的社会秩序。另一方面，人工智能的技术进步，很可能会催生人工智能逐渐具有一些“生命”特征或现象，特别是以“微”生物支持算法计数的“生物”计算机的梦想一旦成为现实，具有“生命”特质的人工智能“机器人”与人类的共存，必将引发人类社会伦理的全新思考与重建，面对这样时代的到来，我们必将站在哲学及伦理重建的十字路口。

各位同学，畅想未来，也许可能仅仅是一场美好的梦幻。但我们必须相信：未来，我们会更加了解大自然，更加了解人类，更加了解自己。今天的学习，就是为了更好地探究大自然和人类之未知。所以，今天我们必须思考：应该以怎样的学习，直面科学技术迅速发展的世界，回应人工智能广泛应用的时代?

市西中学命名之初，赵传家校长就为学校确立了“好学力行”的校训，“好学近乎知，力行近乎仁，知耻近乎勇”，这一校训影响和熏陶了一代代市西学子。面对AI时代，面对我们仍知之甚少的宇宙，面对哲学及伦理可能需要重建的未来，作为市西学子必须对自己、对人类、对宇宙，有所思考、有所憧憬、有所规划，并体现在“志存高远，好学力行”的践行中。期待并相信：每位市西学子会以“尊重规则会选择，合作包容有爱心，实践创新善质疑，身心健康全人格，胸怀天下担责任”为目标锤炼自己，通过超越功利的学习让自己更加开放、更加豁达地面对世事种种，通过持续的读书与行走，成就更好的自己，拥有健康愉悦、幸福美好的人生！

祝学习愉快！学业进步！

2018年7月12日

理性：一种成熟的力量

致2019级新生的公开信

____同学：

你好！

祝贺你被市西中学正式录取！在收到录取通知的这一刻，意味着你拥有了成为“市西”大家庭新成员的资格。从此，“市西”将成为你人生中一个不可泯灭的文化印记，陪伴你一路前行，走过春秋，走过冬夏。

天地之至数，始于一，终于九，“九”在中华传统文化中极富意蕴，2019年也不例外，是一个历史感浓厚的年份：

揭开中国新文化纪元的五四运动，100年。

标志中国人民“站起来”的新中国成立，70年。

引领中国人民“富起来”的改革开放实质性启动，

40年。

……

2019级的高一新生，在回眸和感悟这样的历史中走向成熟，必将多一份社会责任的担当和时代赋予的使命。AI为代表的信息技术的发展与应用，正在改变人类的生存生活和劳动方式，它预示着人类进入与“机器人”分享地球的新时代，人类面临着哲学及社会伦理的重新建构；发端于经济贸易的中美摩擦，正在挑战现有国际法律体系与规则，引发着世界因贸易保护而进入经济动荡的新时代，世界面临国际平衡与全球格局的全面调整……

人类已经进入了新时代。

“新”相对于“旧”，“好”相对于“坏”。“新”未必是“好”，“旧”也未必为“坏”。“旧”的精华，如中国传统文化中有许多精髓，值得我们深刻参悟并发扬光大。但是，传统有时也会集聚成一种保守的力量，成为阻碍变革和创新的因素。“不破不立”言之有理已久，然而“破”什么？怎么“破”？“破”了之后，立“什么”？怎么“立”？所有这些都需要社会和个体理性地思辨与选择。

社会需要理性，理性的社会才称得上成熟而文明的社会。个体需要理性，理性的个体才称得上成熟而文雅的个体。理性，既是社会和个体成熟的标志，也是推动社会和个体成熟的一种力量。

个体的理性是社会集体理性的基础。人的理性，表现在对自己的认识与珍惜，对他人的理解与尊重，对自然的顺应与感恩，以及对社会的守护与包容。

认识自我是一个人学习与发展的起点。人不能没有人生目标，但人生目标更不能超越自身的能力极限，当目标与能力的落差被一次次强化时，就容易造成心理的失衡。我们需要理性地分析、认识自我，准确把握自己努力的方向与目标。对自己的理性还表现在对于生命的珍惜，在“生命存在”这一命题面前，每个人的挫折与失败都是可以忽略的小事，无论发生什么，不管处在怎样的际遇之中，每个人都应当在现实中去找寻生活之“美”，让自己的生命充满灿烂与明媚。

对他人的理解与尊重，是一个理性人应有的基本素养和要求。对他人的理解，不仅仅是站在自己的立场上试图理解别人，而是要努力站在他人的立场去理解别人。也许，这有点难，然而正是这样的不易构成了一个人可贵的精神品质和文明素养。同样，对他人的尊重更显著地表现在对他人各种观点的尊重上，不同的人对于客观事物具有不同的认知与判断，在所难免，这既取决于对于事物全面认知的可能性与过程性，又取决于每个人认识世界的思维方式和情感体验。因此，不同观点的共存会使我们生活的世界更加丰富、绚丽而充满生机与活力，有助于激发人们的创新灵感，创造出新的思想。唯有如此，我们的认知才更可能触及这个世界的全面与真实。对他人的理解与尊重，基本的要义在于对他人不同的思想和行为的理解与尊重，这需要人的理性，特别是以“善”之心所孕育的理性思维与行为。

对大自然的顺应与感恩，是一个人具有科学理性的内在要求。人类对大自然还知之甚少，我们要对大自然心存敬畏，不断地以理性的思维与方式去探究大自然之未知，寻求大自然的规律与法则。人类应遵循和顺应大自然，感恩大自然给予地球的生命，给予人类的一切。顺应大自然，首要的任务是理性地求“真”，探究大自然真实存在的客观规律，造福人类，使我们的世界因“真实”多一份“美好”与“善良”。

当今社会万象繁杂，更需要我们理性的守护与包容。我们应该认识到多元文化在历史、现实和未来的社会发展中的作用和影响，需要人们像保护珍稀生物一样，守护当前社会中的文化存在。社会是由不同的生命个体与各类组织团体组成的，相互之间有不同的价值观与利益追求，不同的生存、生活方式。这就需要给予理性包容，以多元的价值选择下的多元文化丰富和守护我们赖以共存的社会，使我们共生共存的社会因我们的守护与包容，能够始终闪烁着“真”“善”“美”的人性光芒。

各位同学，人类正处在剧变着的新时代，中国也已走入新时代。我们不能断言这是一个理性缺失的时代，但我们必须认识到建构人类命运共同体的新时代，更需要人类的理性。人类的理性应该是建立在真善美的基础上，真诚希望：市西学子通过高中三年的学习，能够更好地理解把握理性与感性、理性与非理性的关系，崇尚真善美的价值追求，在求真、向善、尚美的人生路上，始终秉持理性的思维，并贯穿和落实于自己的行动中。请相信：我们这个世界会因为你的坚守与践行，而多一份真实、善良与美好。

市西中学命名之初，赵传家校长就为学校确立了“好学力行”的校训，“好学近乎知，力行近乎仁，知耻近乎勇”，这一校训影响和熏陶了一代代市西学子。面对AI时代，面对我们仍知之甚少的宇宙，面对哲学及伦理可能需要重建的未来，作为市西学子，必须对自己、对人类、对宇宙，有所思考、有所憧憬、有所规划，并体现在“志存高远，好学力行”的践行中。我期待并相信：每位市西学子会以“尊重规则会选择，合作包容有爱心，实践创新善质疑，身心健康全人格，胸怀天下担责任”为目标锤炼自己，通过超越功利的学习让自己更加开放、更加豁达、更加理性地面对世事种种，通过持续的读书与行走，成就更好的自己，让我们这个世界因你的存在与付出，而多一份美好！

祝学习愉快！学业进步！

2019年7月15日

自主与合作：为人为学之道

致2020级新生的公开信

____同学：

你好！

祝贺你被市西中学正式录取！在收到录取通知的这一刻，意味着你拥有了成为“市西”大家庭新成员的资格。从此，“市西”将成为你人生中一个不可泯灭的文化印记，陪伴你一路前行，走过春秋，走过冬夏。

2020年，对人类而言，可以说是苦难的一年，对每位学生来说，也是充满挑战的一年。新冠疫情在全球蔓延，使我们经历了两个多月“停课不停学”的线上学习，这是近代教育发端以来几百年从未遇见的教育事件，同时，人类文明与国际秩序也因新冠疫情防控的各种分歧与竞争而面临极端严峻的考验，凡此种种必将载入人类的文明史。

在这场社会灾难深重的危机中，各位同学以自主自律的刻苦学习，在初三临近毕业的时刻，交出了一份比较圆满的人生答卷，顺利地成为市西大家庭的一员。然而，这仅仅是你成长成人走向成熟、迈入社会的第一步，未来的人生路还长，我们该如何走好接下来高中三年的每一步呢？为此，我想与大家讨论两个关键词：自主与合作。

各位同学，一个人走向成熟的基本标志是自主意识的觉醒与独立人格的形成。今天，各位同学跨入高中大门，都是16岁的“大孩子”了。你们从无知的婴儿到懵懂的幼儿，再到躁动的少年，一路走来，有父母的搀扶与陪伴，有师长的叮咛与教诲。然而，人总要长大，父母和师长不可能陪伴、教导你们一辈子，而高中三年，正是每个人长大成人、走向成熟的一个重要时期。在这一时期，每个人都应该通过自主意识和能力的培养，逐渐塑造健全而独立的人格。

关于自主意识与能力的培养，主要表现在独立与责任，这就是为人为学之道。人之所以可以称为“成人”，其根本特征就是“独立”与“责任”。“独立”既指思想与行为的独立，更蕴含着人格的独立。基于自主的独立，不仅应该拥有自由而奔放的思维与畅想的空间，而且应该拥有坚定而执着地付诸实践与行动的机会，在独立的思想与行为过程中，逐渐形成独立而健全的人格。我特别想告诉大家：作为市西人，不仅要成为思想的巨人，更要成为行动的巨人，我们不仅要拥有以理性的思辨分辨这个世界“真”“善”“美”的能力，更要将“求真”“向善”“尚美”之心体现在对自己、对他人、对社会、对大自然负责的行为实践中。

“成人”意味着责任，责任既是一种权利，更是一种义务。市西中学强调“选择形成责任，规则造就品德”，就是希望每位学生通过自主选择，独立地承担起自己对学习、对未来的责任，每个人都必须对自己的选择与行为负责，“学习”是每位学生自己的责任，这既是每位学生的权利，更是不能放弃的义务，谁也替代不了每位学生自己的学习，谁也改变不了每位学生自己的改变，每位学生都应该对自己的学习过程和结果负责。

各位同学，在国际关系急剧变化的动荡不定时代，我还想与大家讨论一个关键词——“合作”。不少人认为，当今社会是一个竞争的社会，甚至将其描绘成弱肉强食的丛林世界，但是我却坚定地相信：这个社会是一个合作与竞争并存的世界，而且在合作与竞争之中，合作是主旋律。

我们应该满怀尊重与包容的感恩之心，面对他人，面对我们共同的社会与大自然，可以说以尊重与包容为主要内容的合作，既是为人之道，也是为学之道。

从为人之道看“合作”，我们应该在遵守法律与社会共同准则的前提下，尊重每个人不一样的思想与行为存在，特别是要尊重与自己不同的观点，包容因多元价值而产生的思想差异与行为选择，也许由此孕育的社会多样性，可以成为推动社会进步和科技创新的不竭动力。从为学之道谈“合作”，每个人的学习既需要“慎独”式的独立学习过程，也需要“团队”式的合作学习过程。合作学习一方面可以促进人的思想与观点的交流分享，并由此而生发出全新的创造与灵感；另一方面随着学习任务复杂性的增强，会出现某些学习任务难以由一个人个体完成的情况，这必然需要团队的合作学习，通过团队的任务分解与实施，在体验任务解决的全过程中达成学习目标。

关于“合作”的讨论，让我想起“学习”的另一话题，我想提醒各位同学：在学习过程中，我们每个人要坚持与自己的比较，我们需要关注的是自己今天是不是比昨天进步了 点点。其实，只要我们自己每天能够进步一点点，我们一定会成为更加美好的自己！要避免将自己置于与他人持续比一番高低的“陷阱”中，这样也有助于自己逐渐形成强大的内心，内心力量是谁也阻挡不了的强大动力。

市西中学命名之初，赵传家校长就为学校确立了“好学力行”的校训，“好学近乎知，力行近乎仁，知耻近乎勇”，这一校训影响和熏陶了一代代市西学子。面对AI时代，面对我们仍知之甚少的宇宙，面对哲学及伦理可能需要重建的未来，作为市西学子必须对自己、对人类、对宇宙，有所思考、有所憧憬、有所规划，并体现在“志存高远，好学力行”的践行中。我期待并相信：每位市西学子会以“尊重规则会选择，合作包容有爱心，实践创新善质疑，身心健康全人格，胸怀天下担责任”为目标锤炼自己，通过超越功利的学习让自己更加开放、更加豁达、更加理性地面对世事种种，通过持续的读书与行走，成就更好的自己，让我们这个世界因你的存在与付出，而多一份美好！

祝学习愉快！学业进步！

2020年7月28日

“看见”自己，发现更大的世界

致2021级新生的公开信

____同学：

你好！

祝贺你被市西中学正式录取！在收到录取通知的这一刻，意味着你拥有了成为“市西”大家庭新成员的资格。从此，“市西”将成为你人生中一个不可泯灭的文化印记，陪伴你一路前行，走过春秋，走过冬夏。

今年的录取通知书，不如往年，姗姗而来。根据“全教、全学、全考”理念，依据“复杂，才能精准”原则而设计的上海中招制度，每位初中学生经历频繁的考试，接受了一轮轮学习考验，这是每位学生富有挑战性的人生体验。相信对于这场变革，未来总是有它选择与评价的方式，会给出客观的评价。

而此刻，我坐在办公桌前，望着“烟花”肆虐的天空，风大雨大，乌云笼罩，灰蒙蒙一片，分不清是云，是雨，还是风的缘故。今天，本是往年高一新生报到的日子，我们真该庆幸，中招政策，让我们躲过了这场风雨。其实，我们心里必须清楚，人生本来就是风雨兼程，也许等待我们的会是更大的风雨。

从“中招政策”到台风“烟花”，无不预示着人类个体的渺小，每个人在大自然和社会面前是如此的脆弱，大自然的力量瞬间可以摧毁任何一个生命个体，社会的力量同样可以轻易改变一个人的命运。

那么，在大自然和社会的强大力量面前，我们该怎么办呢？也许，我们唯有建构起强大的内心世界，方能从容地面对和化解这种力量对于生命个体的破坏性，甚至摧毁性的影响。而内心世界的建构和能量的蓄积，首要的是“看见”自己，“看清”自己，这样才能发现更大的世界，才能面对人生各种风雨的考验，坚定地知难而上，迎接挑战。

作为高中学生，我们应该“看见”什么呢？我希望各位同学通过自己的持续学习与实践，至少“看见”下列四个方面。

一、学习是自己的责任。每个人从出生，就开始了学习的过程，即使没有父母的教育，只要生活在正常、健康的社会中，就可自主学会走路，学会说话，而且学会说话之后，碰到新奇的事情，会不停地追问："这是什么?""那为什么?""这怎么啦?""那怎么办?"为了让自己成为更好的自己，每个人生来就会学习，从这个意义上，可以说学习是一种与生俱来的遗传能力。而教育则是为了让每个人学得更好而逐渐产生的，本质是支持学生学习的一种外部条件和环境。所以，每位学生必须清醒地认识到：自己是学习的主体，必须对自己的学习负责，谁也改变不了自己学习上的付出及由此生成的结果。

二、确立人生理想与目标。没有远大的理想，就没有方向；没有正确的目标，就缺乏动力。高中阶段，应该是人生确立志向的美好岁月。在赵传家校长提出的"好学力行"校训的引领与熏陶下，一代代市西人志存高远，在平凡或不平凡的岗位上，做出了各不相同的业绩。作为市西学子，应该积极践行"好学力行"，通过自己的思考与分析，针对自己的实际和需要，确立人生理想和目标，并付诸高中三年学习以及人生路上每一阶段的行为中，努力将自己对理想与目标的孜孜追求，转化为追求自我完善和自我超越的持续内驱动力。

三、人与人之间存在差异。人，生而不同，每个人应该“看见”自己与他人之间存在的差异。反映在学习上，不仅仅每个人的学习潜质具有相对优势和相对劣势的方面，而且在学习不同内容时，各自都有独特的属于自己偏好的学习方式、学习时间和学习空间等，因此表现在学习结果上，也各不相同。所以，每个人应该清醒地认识人与人之间的这种差异，不要与他人比较，不要“他人轴”，而是要建立“自己轴”。与自己比较，“今天，是不是比昨天进步了一点点”？通过今天的努力，“明天，是不是可能比今天进步一点点”？相信每个人在持续的行为付出中，一定会通过“一点点、一点点”的改进，逐渐成为更好的自己。

四、培育自己的兴趣与特长。根据德智体美劳全面发展的要求，在落实国家课程目标的基础上，每位市西学生应该努力“看见”自己的优势，特别重视自己兴趣的培育、志趣的形成和特长的发展。一个人在社会上取得业绩、获得成功，常常发生在他的优势领域，因此，每位同学应该在学习与实践过程中，通过不断比较分析、总结反思，逐渐发现自己的优势，并投入更多的时间与精力，展开更加广泛、深入的学习，努力把这种优势培育成为自己的兴趣和志趣，成为自己的特长、专长，甚至继续深造的专业和工作的职业。也许你因此会拥有更加美好灿烂的人生。

写到这里，同学们很自然会提出一个问题：怎样才能更好地“看见”自己呢？今天，我想也与大家讨论以下四点。

一、在参与中选择。“参与是走向成功的第一步”，没有参与，就不可能有任何成功的可能。作为市西学子，应该积极参与学校各类课程学习、各项活动实践，在学习中体验，在实践中感悟，在体验与感悟中，通过不断比较分析，发现自己，“看见”自己，逐渐作出自己的选择。市西中学强调“选择形成责任”：一方面，选择是每个人成长与发展过程中不可或缺的能力，我们应该努力建构自己选择的价值判断标准，培养理性选择的能力；另一方面，每个人要学会对自己的选择负责，“你会因自己正确的选择，取得进步与成功”，“你也要为自己错误的选择，承担可能失败的风险”。

二、在信念中践行。每个人的人生不可能一帆风顺，“不经历风雨，怎么见彩虹”？每个人的选择，都可能会经历一次又一次的挫折与失败，这时候，就需要坚韧不拔的意志来守护自己为之奋斗的选择，需要对信念的坚守，一路向前。“自信是走向成功的坚石”，没有人能够轻轻松松取得成功，失败者可能只是经历了一次失败，再也没有站起来，而成功者很可能经历了无数次失败的考验，只是面对这些失败一次次走出来，最后终于站起来了。所以，作为市西学子一定要有必胜的信念，相信自己，并努力将自己对于理想与信念的追求，付诸行动。同时，我必须告诉每位同学：只要过程美好了，其实结果即使未能如你所愿，当你回望过去、回忆人生的时候，你仍然可以告慰自己：我拥有了无悔无憾的人生，因为我曾经持续不懈地努力过，奋斗过。

三、在反思中改进。每个人的理想与目标，在自己的学习与工作过程中，并不是一成不变的。而这种改变，只要是理性选择的结果，其实都是自己对理想信念另一种方式的坚守，这更需要一个人的智慧，更加需要“看见”自己。在社会中，机会总是存在的，而且总是为有准备的人而出现。举个小例子，足球场上，每位队员都有明确的分工和任务，定格于某一时刻，双方看似攻防严密，很难有破门机会。但是，在比赛过程中，每位队员都在跑动，由于这种跑动，一定会出现“空档”，这恰恰是攻击对方的“机会”，而且，由于连续地跑动，就不断会有“机会”产生。社会同样处在运动中，每个人可能时时面对着许许多多的机会，关键在于自己是否能够通过对自己的过去与现实、兴趣与特长等方面进行总结与反思，发现新的机会，并付诸努力追寻的行动实践中。

四、在感恩中付出。最后我想指出："看见"自己，还要"看见"自己与他人、与自然、与社会的关系。"看见"自己与他人的关系，应该认识到：在你成年之后，包括父母在内，没有人必须对你好，必须为你付出，对你好、为你付出，这是他人的选择，你应该为此心存感激，以感恩之心，努力回报。同时，你也要明白：你对他人好，为他人付出，不是为了回报，只是你喜欢、你愿意。也许这样，你可以更加坦然地面对人生，接受你对他人、他人对你的各种行为和结果，你的人生一定会拥有更多宁静、坦然、愉悦与美好。至于自己与自然、与社会的关系，要充分认识到：一个人在大自然与社会面前是如此的渺小，以感恩之心接受大自然与社会给予自己的一切馈赠，尊重自然，顺应社会，并为大自然更加美丽、社会更加美好，而不懈付出。

市西中学命名之初，赵传家校长就为学校确立了"好学力行"的校训，"好学近乎知，力行近乎仁，知耻近乎勇”，这一校训影响和熏陶了一代代市西学子。面对人工智能及其应用迅猛发展的今天，面对我们仍知之甚少的宇宙，面对哲学及伦理可能需要重建的未来，我们只有“看见”自己，让自己拥有更加充分的发展，才可能发现更大的世界，才能对自己、对人类、对宇宙，有更深刻的思考、更宏大的憧憬、更实在的规划，才能使自己在践行“志存高远，好学力行”过程中，更好地发展自己，更好地投身于守护宇宙、造福人类的伟大事业中。我期待并相信：每位市西学子会以“尊重规则会选择，合作包容有爱心，实践创新善质疑，身心健康全人格，胸怀天下担责任”为目标锤炼自己，通过超越功利的学习，让自己更加开放、更加豁达、更加理性地面对世事种种，通过持续的读书与行走，成就更好的自己，让我们这个世界因你的存在与付出，而多一份美好！

祝学习愉快！学业进步！

2021年7月26日

因为相信，所以拥有

致2022级新生的公开信

____同学：

你好！

祝贺你正式成为市西大家庭的一员！从此，“市西”将成为你一生中不可磨灭的文化符号，陪伴着你穿越时空，走过岁月，走向世界。

今天立秋，秋天本该是一个收获的季节，上海的气温却出奇地高，真正的秋天似乎依然遥远。而此刻的我，静坐在办公桌前，任思绪飞扬。2022年，世界很不太平，而在中国、在上海所发生的一切很可能会成为史家研究的真实材料，抑或成为未来文学创作的生活素材。而我想得更多的是，面对在“大上海保卫战”中，以线上复习为主完成初中学业的高一新生，我该以什么样的方式迎接大家，又该向各位同学提出怎样的期许或要求。思前想后，我想以“因为相信，所以拥有”为题，作一次笔谈，期待引发同学们对自己、对社会、对未来更多的思考与践行。

一、因为相信市西，所以拥有市西

市西中学源于1870年的“尤来旬学校”，教育文脉不断，1946年由“西侨男中”和“西侨女中”合并而成。留美硕士赵传家先生担任首任校长至1974年，当时提出的“好学力行”校训以及传唱至今的校歌，影响和熏陶了一代代市西人，已经成为一种文化标识，铸就了“海纳百川的历史渊源，兼容并包的教育情怀，好学力行的文化传统，敢为人先的教改探索，追求卓越的执着信念”的“海派”教育特质。

近年来，学校深化课程教学改革，以一系列实验项目引领学校持续发展，提出了“尊重规则会选择，合作包容有爱心，实践创新善质疑，身心健康全人格，胸怀天下担责任”的培养目标，坚持以丰富的课程与活动适应每一位学生的差异性需要，调动学生积极主动追求发展的内驱动力，引导学生对自己的学习负责，实现学生全面而富有个性的优势学习与发展。

通过长期的教育专业研究与实践，我们坚信：优质的教育质量（包括高升学率）是教育教学管理精致化的必然结果。当我们将每个教育环节、每段教育过程按照教育规律得到优化和落实，我们完全可以相信学生将获得适切而充分的发展。因此，我们坚定不移地践行“三不”质量观：“不以剥夺学生的自主选择权利，换取所谓的高质量；不以占用学生的自主学习时空，换取所谓的高质量；不以牺牲学生的身体心理健康，换取所谓的高质量。”

市西中学坚持按教育规律办学，尊重学生个体差异和发展需要，我们欢迎认同和支持市西教育理念的学生和家长报考，甚至在学校自主招生中将这一要求作为预录取学生的前置条件。今天，当你正式成为市西学生时，我们有理由认为，你及你的家长都是理解并信任市西教育理念的，因为相信市西，所以拥有市西，市西也将努力成就“不一样”的你。

二、因为相信自己，所以拥有自我

当今中国，许多学生被父母以爱的名义所设计，然后按照父母预设的轨道长大成人，事实上，不少人却会因此迷失自我，迷失方向。所以，我希望市西学子能够相信自己，认识自己，拥有具有健全而独立人格的自我。

第一，相信自己，全面认识自己。每个人都是一种独特的存在，都有优势与劣势，每个人都可能选择正确，也难免会犯错误，每个人都可能成功，也可能失败。其实，每个人的人生都会存在一些不确定性，就如2022年的上海疫情，即使现在仍很难想象它就这样真实地发生了。每个人都会历经得失成败，品尝酸甜苦辣，因此，我们必须相信自己，认识自己的每一种可能，接纳自己，包括可能与自己预想完全不同的自我。

第二，相信自己，持续努力付出。学习是学生自己的事情，谁也替代不了学生自己的学习，谁也改变不了自己的改变。学生必须对自己的学习负责，以持续的努力付出，实现自己的学习与发展。在这一过程中，要相信自己持续不懈的学习，一定会有回报，同时，认识到自己的努力付出存在滞后效应，积极的学习效果普遍存在厚积薄发的现象，甚至这种“薄发”还会迟迟不来。而另一方面，在学习上一旦松懈，负面效果常常又是立竿见影的。所以，相信自己，就要坚持不懈地努力付出，这样才会拥有更加独立、从容的自我。

第三，相信自己，坚持内在归因。每个人完成一项任务，无论成败对错，总包含内在和外部两个方面的原因。我特别想告诉同学们：当你遭遇挫折与失败时，请更多地从自己身上分析和寻找原因，这样才能更好地发现自己，超越自我。当一个人把失败归因于外部条件时，通常不太会努力地去改变自己，突破自己，而外部条件又是不以自己的意愿而轻易改变的。所以，相信自己，归因于内在因素，才可能拥有更加淡定、美好的自我。

总之，相信自己，相信自己强大的内心力量，可以抵御外部压力，促进自我完善，塑造更加完美的自己，从而拥有独立、从容、淡定、美好的自我。

三、因为相信他人，所以拥有团队

社会是由人的个体、组织及其相互关系建构而成的集合。社会中存在竞争，也存在合作，而竞争的惨烈程度和合作的紧密程度，都是衡量人类文明的重要指标。当今世界竞争依旧存在，特别是近年的国际竞争状况不容乐观，也许文明进步正面临着严峻挑战，但我依然相信，合作仍然是当前和未来社会发展的主旋律，对抗没有出路，合作才有未来。而这需要我们以“求真、向善、尚美”之心，相信他人，相信其他组织，这样一定会让我们拥有更多团队与合作，会使这个世界更加温馨和美好。

首先，相信他人，需要理解与尊重。每个人都有自己的思想和观点，都有自己的价值标准和思维方式，都有自己的行为准则和选择方式，每种类型的组织也是这样。所以，人与人、组织与组织之间都是有差异的，相信他人，就要理解不同的价值观念，尊重不同的思维和行为方式，甚至允许与自己截然不同的思想和观点的存在，只要这种思想和观点不是反人类的，不违反法律规范和社会伦理，就不要以自己的价值标准和行为准则试图改变他人的思想和行为。

其次，相信他人，需要信任和包容。面对不同的思想和行为，有时根本就没有谁对谁错，而且在不同价值观念下，常常会得到截然不同的结论，所以需要我们相互之间有更多信任和包容，在诸如换位思考式的思辨与讨论中，也许会产生更有价值的新思想、新方案，可以推动合作，促进团队建设。而且，即使在一种错误被证明时，我们也应该以包容的心态面对犯错的人和错误的事，当我们给予他人更多信任和包容的时候，我们必将拥有更多合作的可能和更加凝聚的团队。

当然，相信他人并非没有底线，这同样应该是有规则和规范的。在人与人的交往与互信中，必须以人类文明进步为价值追求，以法律法规为行为准则，以社会伦理和道德为共同约束，这应该是相信他人的基本要求，可以保证我们通过相信他人，拥有团队与合作。

四、因为相信科学，所以拥有智慧

学习的重要任务是科学知识的研学与习得，还有一项重要任务，就是要逐渐形成自己的思维方式，使自己的大脑更加聪明，使自己的为人处事更多理性，进而拥有更大的智慧。科学与理性的思维方式至少包括三个方面。

一是要学会联系地看待问题。世界事物都是普遍联系的，我们要全面而不是孤立地看待问题。例如：对于某一次的考试成绩，我们不能简单地以分数评价自己，既要把自己放在班级、年级中去衡量，也要放到同龄人中去判断，更要与自己的过去相联系，还应与这次考试要求相关联，只有这样，才能全面总结自己的经验与不足，提炼经验，找准问题，弥补不足，从而实现自己持续的改进与发展。

二是要学会矛盾地把握问题。世界都是对立统一的，充满着矛盾，矛盾无处不在，无时不有。面对矛盾的世界，要善于找准解决问题的主要矛盾，在判断事物性质时，要善于把握矛盾的主要方面。例如：每位同学在校园学习生活中，都要面对纷繁的人和事，在与人的交往中，如何更多地发现他人的闪光点，在事情的处理中，如何更快地找到解决方案，这都需要人的科学与理性，需要让自己更具智慧。

三是要学会发展地分析问题。静止是相对的，运动是绝对的，我们生活的世界始终在运动与变化着。所以必须以发展的眼光去分析问题，把现在与过去联系起来，并面向未来进行讨论。例如：从学习的角度来看，每位同学今天的学习状况，一定是过去一个阶段学习变化与发展的结果，只有将过去的学习态度、习惯、方法等心理和行为表现联系在一起，才能更加全面准确地评价和分析自己的学习与发展，从而为今后的学习制定适切的目标和行动方案。

生活中有太多的人和事，需要我们以科学的态度和方法去面对、去思考。如果一不小心被谬论所迷惑，也许就会变得荒诞与愚昧，所以，我们必须在科学知识的学习过程中锻炼自己的大脑，建立正确的价值标准、理性的思维和科学的行为方式，使我们拥有更多人生的智慧。

因为相信，所以拥有，只有相信，才可能拥有。我们要拥有成功，首先要相信成功，我们要拥有未来，首先要相信未来。如果连我们自己都不曾相信成功，怎么可能拥有成功？如果连我们自己也不曾相信未来，怎么可能拥有未来？当然，相信只是拥有的逻辑起点，从相信走向拥有，需要我们持续不断地努力与付出，对于所期待的拥有，相信得越是坚定，所付出的努力就会更加强大，最终一定会更加可能拥有，也许这就是信仰的力量。同学们，高中三年的学习何尝不是如此？今后的人生之路何尝不是如此？让我们一起相信市西，在美丽的校园里一起憧憬未来，相信未来，相信通过自己不懈的努力，一定会拥有未来，拥有属于自己的美好人生……

祝学习愉快！学业进步！

2022年8月7日

让生命在自由生长中绽放

致2023级新生的公开信

____同学：

你好！

祝贺你正式成为“市西”大家庭的一员！从此，“市西”将成为你一生中不可磨灭的文化符号，陪伴你穿越时空，面向未来，走向世界；从此，“市西”将成为你永恒存在的精神家园，今天你会因“市西”而光荣，明天的“市西”必将因你而自豪！

今天，我终于能够静下心来，坐在办公桌前给各位同学写这封公开信。其实计划是7月15日或16日就应该完成的。7月14日，我自驾回奉化。原准备那几天好好陪陪我的母亲，并抽空写好这封信。万万没有想到的是，这次我匆匆回家，最后一次通宵守候在母亲的身旁。

当年，我的母亲是民办教师，从小学入学至毕业的五年，她都是我的班主任和语文教师。我的父亲以其严厉，教会了我善良、坦诚、坚韧和包容，而我的母亲则以母爱与师爱叠加的方式，给予了我更加宽松的环境，为我畅想未来、追寻梦想提供了可能。回想我的学习历程，我的老师们也以他们各自独特的育人智慧，给予我充分的关爱与教育、理解与信任、支持与包容，让我拥有自由生长的环境，使幼时沉默寡言、体弱内向的我，能够坚定地选择自己的道路，一路走到今天。

当前，科技的迅猛发展引领人类进入了人工智能广泛应用的新时代，特别是最近ChatGPT的问世，标志着人类劳动被机器人广泛替代的时代已经到来，人工智能为人类充分自由的解放，“从必然王国走向自由王国”，提供了从未有过的机遇与可能。然而，当今教育，名校扩容抢师资，学校竞争靠生源，教师被迫抢时间，学生无奈靠刷题，教育似乎正在走向全社会追求功利化的焦虑中，这些明显与教育的本原价值背道而驰。各位同学，面对这样的时代，我们该以怎样的姿态追求学习与发展呢？因此，我想从学习与教育入手，与大家讨论一个话题：如何让生命在自由生长中绽放？

同学们，人，生而不同，每个人都有自己的个体特质。然而，人类还有一个共同点：每个人，从出生开始就会学习，可以说学习是人类与生俱来的遗传能力。婴儿出生之后，只要他是正常的，生活在健康的社会中，不需要专门去教他，就一定能够学会走路、学会说话，而且在他会说话之后，碰到新奇的、不懂的事，他都会提出一连串的问题："这是什么？""那为什么？""这事怎么办？""那里怎么啦？"其实，这都是孩子探究未知世界的学习过程。

各位同学，从这个角度讲，学习是人类寻求生存与发展的一种本能，它先于教育而存在，教育是支持人类学习的一种途径与方法。所以，可以说教育从它产生开始，就是为了让人类学得更多、更快、更好，让每个人成为更好的自己，从而让我们的社会更加美好。因此，当今时代，考进一所名牌大学，应该是教育的结果，而不应该成为教育的目标，更不应该成为教育的目的。我们不要混淆教育目的、教育目标和教育结果三者之间的差异，不要错误地把教育结果当成教育目标，甚至教育目的来追求。只有这样，我们才能正确理解教育的本原与价值，才能科学面对自己的学习与发展，才可能拥有让生命自由生长的环境和充分舒展的空间。为此，我向各位同学提出几点建议。

一、清醒地发现自我

每个人都是不一样的存在，都有自己的优势，也会有自己的劣势。所以，每个人都应该清醒地认识到自己的优劣与长短，要相信自己，不妄自菲薄，也不要妄自尊大，这是尊重自己生命价值的最基本要求。社会因每个个体的独特存在而丰富多彩，我们都应该充分地去感受并享受这种独特性。所以，在学习上，我们不要与他人比，而是要与过去的自己比，今天的你是不是比昨天进步了一点点？然后，以今天的努力，明天是否又可能进步一点点？这样我们才能更加坦然地面对自己的存在与发展，面对自己的现状与未来。

为了更好地促进学生发现自我，从2013年开始，学校研发了《个性化学习实践与指导手册》，试图通过每位学生定期不定期的记录、总结、反思、调整与完善，引导大家逐渐发现并运用自己的优势学习内容、优势学习方式、优势学习时间和优势学习空间，更好地实现全面而富有个性的发展。

二、勇敢地追逐理想

理想是催人奋进的持续动力，人不能没有理想。少年立志，既要与自己的兴趣爱好相结合，更要志存高远，把自己的理想与中华民族伟大复兴融合在一起，致力于人类命运共同体的建构。各位同学，我们一定要相信：和平必将取代战争，文明必将淘汰野蛮，在全球化与国际竞争的博弈中，对抗没有出路，合作方有未来。历史车轮滚滚向前，这是任何个体或团体力量都不可阻挡的时代潮流。因此，作为市西人，必须将自己置于社会发展与进步的语境中，思考人生理想与个人价值，这是市西中学学生培养目标的基本要求和具体体现。

各位同学，为了更好地指导广大同学思考自己的人生，逐渐确立自己的理想和目标，随公开信寄出的《新生手册》中就有一项作业：请每位同学在“寻访身边一名市西校友”的基础上，开始思考并制订进入高中之后的第一份人生规划。开学之后，我们将组织一系列的讨论与交流活动，引发大家更加深入地思考，修改完善自己的人生规划，并将于9月底举行“相约30年后再相聚——高一年级人生心愿封存仪式”，你的人生心愿将珍藏在校史馆，期待你30年后重返母校，开启并重温少年时的人生心愿。

三、坚定地付诸行动

所有的理想和目标，都需要通过自己的行动才能够转化为现实。所以，我们不仅要成为思想的巨人，更要成为行动的巨人，努力将自己确立的理想和目标，细化为可操作的行动方案，并坚定地实施落实。各位同学，学习是每位学生的主体责任，每位学生必须对自己的学习负责，谁也替代不了学生自己的学习，谁也改变不了学生是否愿意改变。我们必须以开放的心态主动接受新知识、新方法和新思想，自主地选择更适合自己的学习目标和内容，以适合自己的学习方式和时空，自觉地开展学习活动，才能更好地实现优势学习与发展。

市西中学具有好学力行的文化传统，近年来，市西中学坚持“选择形成责任，规则造就品德”，主张“不上课≠不学习，无作业≠不学习”，强调“学习无处不在，学习无时不有”，践行“活动即课程，实践即学习，经历即收获"。基于这些理念的所有教学改革与实践，都是希望每位同学能够真正学会选择，对自己的学习负责，并认识到：选择是有规则的，敬畏规则、尊重规则、遵守规则，这是现代人文明素养与道德品质的基本内涵，我们要通过各种课程学习与实践体验，努力使自己成为更好的自己。

四、坦然地面对结果

同学们，2017年，我曾在毕业典礼上追问那一届的毕业生：你会为梦想追寻一生吗？此刻，我也想告诉大家，16岁花季正是憧憬未来，确立理想的大好时光，我们要学会通过自己的理性思辨，描绘属于自己的蓝图，并为之追逐一生。同时，我还想告诉大家：毕竟，我们才16岁，而世界已处在百年大变局中，时代在前进，社会在进步，我们也必然会发生改变，因此，我们今天确立的理想、许下的心愿，或许也会改变。但是，我希望作为市西学子，对于自己人生理想的每一次改变，都是针对社会需要、时代变迁和个体特质进行理性思考和分析而作出的重新选择与判断，而且是自己更加坚定、更有信心实现的目标，并准备为此付出更多的精力和更大的辛劳。

而且，我还希望大家：坦然地面对人生的每一种结果，每一种结果都是命运给予自己的馈赠，得失成败、酸甜苦辣，都是人生弥足珍贵的财富，值得每个人细细品味、好好珍惜。其实，学习生活更是如此，结果固然重要，然而过程却常常更可能让自己感动，更加令人难忘，而成为一生的拥有。因此，我期待每一位市西学子能够以“第一次就把事情做对，每一次都把事情做好”的态度，面对自己的学习，面对自己的人生。我相信：当我们能够做到这些时，我们一定不会过分纠缠于结果如何，更不会因不一样的结果而焦虑，因为我们完全可以相信：厚积薄发，命运之神一定会厚爱辛勤的耕耘者。即使，我们的付出没有得到理想中的回报，我们也应该坦然地面对自己，面对自己的人生，因为，我们曾经那么努力地追寻过、付出过，我们已经拥有了无憾无悔的人生。

各位同学，市西中学命名之初，赵传家校长就为学校确立了“好学力行”的校训，“好学近乎知，力行近乎仁，知耻近乎勇”，这一校训影响和熏陶了一代代市西学子。作为市西学子，必须对自己、对人类、对宇宙，有所思考、有所憧憬、有所规划，并体现在“志存高远，好学力行”的践行中。我期待并相信：市西学子会以“尊重规则会选择，合作包容有爱心，实践创新善质疑，身心健康全人格，胸怀天下担责任”为目标锤炼自己，通过超越功利的学习更加清醒地发现自我，让自己更加自由、更加开放、更加豁达、更加理性地面对世事种种，勇敢地去追逐自己的理想，并以坚定的行为实践，让生命在自由生长中绽放，让我们这个世界因你的存在与付出，而多一份美好！

祝学习愉快！学业进步！

2023年7月17日

二

毕业典礼致辞与寄语

成长责任与人生财富

2012届毕业典礼致辞

各位同学、家长、老师：

上午好！

2012年是一个特殊的，值得纪念的年份。

古老文明的预言叙说着这是地球和人类的一个新的纪元；对市西中学来说标志着历时四年的校园改扩建工程的全面完成；而更重要的是，在座的各位同学圆满完成高中学业，即将去接受成人之后第一次重大的人生历练——高考，由此步入社会。2012年，我们共同见证了这一重要的，值得纪念的时刻。

此刻，请允许我代表学校，向经过十余年的认真学习，顺利完成高中学业的各位同学，表示衷心的祝贺！向对孩子悉心哺育，对学校工作理解、支持的各位家长表示感谢！向对学生精心呵护、培养和教育的全体教师表示感谢！并通过大家向给予学校理解、信任和支持的社会各界表示感谢！在这庄严、隆重、热烈的毕业典礼上，我想向全体同学提出三点建议和希望。

一、成人意味着责任。从我们手持宪法，面向国旗庄严宣誓的那刻起，各位同学就将承担起作为成年人的责任。责任是一种权利，更是一种义务。权利可以放弃，而义务不能！希望各位同学，从此以后，能够承担起作为成年人的对自己、对他人、对社会、对大自然的责任。对给予自己生命的父母，对培育自己成长的师长，对关爱自己的亲戚和朋友，对给予我们温暖的社会，对给予我们力量的大自然，心怀感恩之情；对可能给予自己各种挫折、失败，甚至不公和伤害的所有一切，胸怀包容之心。希望市西学子，用自己的实际行动，书写一个大写的“人”。

二、酸甜苦辣都是一种财富。人生会有种种际遇，会有成功，也会有失败。请记住：得失成败，都是一种拥有，拥有就是一种财富。也许，拥有酸甜苦辣的人生才是完整的人生，才能构筑起人生七彩般的绚丽。希望市西学子，坦然面对得失成败，始终荣辱不惊。

三、时刻铭记：我是市西人，我是中国人。自我们出生的那刻起，我们的身上就留下了“中国”的印记；而从我们迈入市西校门开始，我们命运就与市西紧密相连。无论何时，不管我们身在何处，中国、市西，将成为我们不灭的印记。请记住：我是中国人，市西永远是我们共同的精神家园和强大的精神支柱。当你失意的时候，请记住所有的市西人在默默地为你祝福，市西的校园时刻欢迎你回来走走，让我们分担你的忧愁；而你的成功，则是我们市西人共同的荣光，请记得让我们一起共享你的喜悦。

各位同学，人生路漫漫，一路多珍重！

谢谢大家！

2012年5月29日

2012届毕业寄语

生命是一种缘，人因缘而聚。

我和市西有缘。就如4月28日北京校友会上，校友们在高歌《市西中学校歌》之后，学唱《传奇》中的歌词：只是因为在人群中多看了你一眼——1987年的那个秋天，我每周一次乘67路转20路，来到市西给当年的学生进行数学竞赛辅导，从此，我与市西结缘。

2012年，我与这届高三同学有缘，相聚在市西。短暂的校长，永远的校友。送上一程，祝福一生。衷心祝愿你们前程似锦、人生幸福！也期待着你们今后常回家看看，让我们一起营造市西这个共同的精神家园，创造市西更加美好、辉煌的明天。

2012年5月4日

书写大写的“人”

2013届毕业典礼致辞

各位同学、家长、老师：

上午好！

在5月的春夏之交，今天我们在这里隆重举行2013届高三毕业典礼。首先请允许我代表学校，向经过努力学习，圆满完成高中学业的全体同学，表示热烈的祝贺！向为哺育子女成长而付出辛劳，并一直理解、支持学校工作的各位家长，表示衷心的感谢！向辛勤耕耘、精心培育、细致服务于学生发展的全体教职员工，表示衷心的感谢！并通过在座的各位向对市西的发展给予理解、支持和包容的社会各界，表示衷心的感谢！

最近有两部热播的电影《致我们终将逝去的青春》和《中国合伙人》，这两部电影诠释了我们这代人的青春岁月和创业历程，人到中年，我们开始怀念过往：当年我们以英雄主义和浪漫精神追寻着青春理想，于是，就有了对远方的向往和诗性的执着。5月25日，华东师范大学丽娃诗社以盛大的诗会纪念诗社成立31周年，而我则在经历过“中国合伙人”般的创业尝试之后，在学校的一隅坚守着“为我的学生撑起一片蓝天”的教育理想，我曾经的“合伙人”——我的高中同学，他上个月来我们学校，准备在我校设立奖学金，不以与他相关的企业或名字命名，他只是想回馈教育，回馈社会。

今天，在毕业典礼上，我想问在座的每一位同学：“二三十年之后，你们将以怎样的方式，以怎样的未来，怀念你们的青春和创业发展的历程?”希望同学们秉承市西“好学力行”的文化传统，用自己的行为方式书写一个大写的“人”字，来回应这个问题。为此，我向各位同学提三个建议。

一、怀揣理想与责任。青年人不能没有理想，市西人更应该志存高远，承担起为中华民族崛起、国家的伟大复兴和社会的进步发展而努力的时代使命。2049年，中国实现伟大复兴的责任，必将历史地交付到包括在座各位在内的年轻一代的肩上，市西学子不应该仅仅是见证者，更应该是亲历者、参与者，甚至是实现伟大复兴的重要的推进者。各位同学，你有这份志气吗？你的理想是否从市西开始启航？

二、笑对得失与成败。追求理想的路是艰辛的，人生路上总会有得失成败，希望市西学子微笑着面对人生种种际遇，不为名利所累，重在过程的体验，付出了，就得到了，付出不是为了感恩，更不是为了索取。我想告诉同学们：得失成败、酸甜苦辣都是人生的一种拥有，而拥有就是一种财富，也许拥有酸甜苦辣的人生才是真实的、完整的人生，也正因此构筑起七彩绚丽的人生。

三、铭记市西与中国。从来市西报到的那天起，我们拥有了一个共同的名字"市西"，于是市西成为我们共同的精神家园，"好学力行"成为我们身上不灭的文化印记。请记住：在你获得成功，取得成绩之时，勿忘让市西人共享你的喜悦；在你经受挫折或失败，处于人生低谷失意之时，请回市西看看，让我们分担你的忧愁，这里永远是你力量的源泉和精神支柱。同时，请你时刻铭记：我是中国人，无论身在何处，不管顺利还是逆境，都要做一名堂堂正正、大写的中国人。

同学们，人生多坎坷，一路多珍重！

2013年6月8日

2013届毕业寄语

500个日日夜夜，我与2013届同学共同走过。

微信中疯传着今天是一个特别的日子："爱你一生，我爱你！"其实，"我爱你"这个温馨的词汇，并不是恋人的专利，它同样可以传递亲人、朋友、同学之间……一份真挚的情感。

而在此刻，我更想与2013届的同学们一起说："市西中学，我爱你！爱你一生！"

市西，是我们共同的精神家园，"好学力行"是我们不灭的文化印记。2013届是优秀的，我期待并相信2013届学子一定会拥有幸福而卓越的人生，市西中学一定会因为你们的守护与创造，从优秀走向卓越。

2013年5月20日

从高考作文的主题谈起

2014届毕业典礼致辞

各位同学、家长、老师：

晚上好！

今晚我们相聚在这里，举行2014届最后一次隆重的仪式——毕业典礼。首先，对全体同学经过高中三年的艰苦而愉快的学习，顺利完成高考，正式迎来毕业时刻，表示热烈的祝贺！

此刻，我们要感谢18年来一直陪伴着各位同学长大的每一位家长，是家长们悉心的付出、细心的关爱，是家长对你们的理解和支持让每一位同学走到了今天，而且，各位同学一定会迎来更好的明天。我们每一位同学应该感谢所有的家长，请把掌声送给各位家长！

高中三年，我们还要感谢一直陪伴大家从16岁走到18

岁的全体高中老师，特别是在座的和不在座的陪伴大家高三艰苦奋斗一年的高三老师，是他们的教诲和帮助，是他们的理解和包容，让大家顺利完成了高中三年的学业，我们每一位同学同样应该感谢每一位老师，请把掌声送给他们！

各位同学，今天我们刚刚完成了为期两天的高考，刚才家长代表讲到了1987年的高考作文，我在准备今晚的致辞时，同样想到了今年高考的作文题目。今年高考作文讨论的主题是“自由”，在新中国60多年的历程中，“自由”常常是一个敏感的词汇。今年上海的作文题目能够让一批18岁正在参加高考的同学们来思考“自由”这个命题，这充分体现着中国当代社会政治的一种进步。

我至今记得我参加的1985年高考的作文，是一个关于环境的主题：一所学校附近的一家化工厂，天天向外排放有毒气体和废水，造成了严重的环境污染，要求考生以学校学生会的名义给《光明日报》编辑部写一封信反映情况，呼吁尽快解决污染问题。29年过去了，今天，环境保护已经成为中国社会全民关注的热点。我们能否预想在座的各位同学从高考开始思考“自由”这个命题？到30年后，我们的社会又将会是怎样的？这是一个非常认真严肃的命题。

如果说29年前的高考作文，在引发我们这代人对人类赖以生存的自然生态与环境保护的思考与关注，那么今天的高考作文，是不是试图引发当代年轻人对人生、对我们生活的社会生态的思考和关注？

同学们，60多年来，市西中学“好学力行”的文化传统引领着师生的发展。近年来，我们提出了“选择形成责任，规则造就品德”的教育主张。责任和品德都是我们每一位教师希望传递给学生的，我看到今年的作文题目后，非常希望每位同学能够认真思考现实与未来社会的普世价值，我们的选择是需要有价值标准的，我们的道德也是有价值标准的，我们所崇尚和追求的“自由”必须遵循一定的规则。这些规则可以是法则，可以是规律，更应该是法律规范。同学们，在未来的人生道路中，今年的高考作文给在座的每一个同学提出了一个命题：你怎样去思考“自由”，怎样去面对未来？在自由和民主的关系、自由与法治的关系、人与自然的关系、人与社会的关系以及人与自身的关系中，“自由”的社会意义与价值核心是什么？所有这些都需要每一位同学在未来几十年的人生历程中，去思考、去寻找、去判断、去选择，这样才真正无愧于是市西的学生。这是我从高考之后想和大家一起讨论的主要问题，尽管，这是一个今天不可能有结论，今后也很难有标准答案的问题。

最后，我想和大家分享交流一个想法，人生路上，每个人都可能会有成功，也会有失败，会有喜悦，也会有痛苦。请同学们记住：得失成败都是一种拥有，拥有就是一种财富，也许拥有酸甜苦辣的人生，才是真实而完整的人生，才是绚丽、美好而幸福的人生。各位同学，从走进市西校园的那一刻起，市西就成为我们共同拥有的名字，就成为我们共同守护的精神家园。因此，在你成功的时候，请记得让我们分享你的喜悦；在你失落的时候，也请常回家看看，让我们为你分忧，请相信市西是你未来学习与发展过程中，永远的精神支柱和不竭的精神动力。

人生路漫漫，一路多珍重！

谢谢大家！

2014年6月8日

2014届毕业寄语

与2014届共同走过的800多天，中国正处于转型发展的关键时刻，一场深刻的教育变革正静悄悄地酝酿着、发生着……于是，我与2014届全体师生，一起思考着、探索着、实践着：思维广场、微型讲座、阳光体锻、创新实验、文化游学、寻访校友……一项项关注“人”的教育举措，在市西校园内外拓展、创生，每一位市西人都是亲历者、见证者。

市西人的文化特质是什么？最近我总是在思考这一问题。首任校长赵传家先生提出的“好学力行”校训，引领全体市西人“心身家国齐努力，德智体群共增长”，努力“做中华栋梁”，在陈孟昭、孙志文、杨安澜、顾正卿等历任校长的带领下，这种文化精神得到了很好的继承和弘扬：市西人应该“志存高远，好学力行”，应该具有“尊重规则会选择，合作包容有爱心，实践创新善质疑，身心健康全人格，胸怀天下担责任”的内在素养。

在人类社会日趋国际化的潮流下，中国正处于深刻的变革和发展中，2049年中华民族伟大复兴已经势不可挡，这份复兴的历史责任和使命必将由当代学生来承担。同学们，在这一创造历史和辉煌的光荣时刻，你准备好了吗?

同学们，昨天的成败得失，都是历史，坚定地相信未来，走向明天……不管你走向何方，市西是我们不变的共同家园与精神支柱。

2014年4月20日

内心的“坚硬”与“柔软”

2015届毕业典礼致辞

各位同学、家长、老师：

晚上好！

今天对在座的每位同学来说，是一个值得纪念的日子。在这美好的夜晚，请允许我代表学校党政工，也代表在座的每位同学，向辛勤哺育自己孩子的各位家长，对孩子的悉心培养，对学校的广泛支持，表示最诚挚的感谢！向耕耘在教育教学管理岗位上，培育2015届学生的高三教师，高一、高二教师，以及可能不曾任教，但同样为这届学生辛勤付出的全体教职员工，表示最衷心的感谢！同时，我必须对今天的主角——2015届的全体学生，走过艰苦而愉悦的高中三年的成长历程，顺利完成“中国式”的高考，从此可以作为独立的完全的法律责任人，在法律的框架下，拥有更多可以自主安排的选择自由，表示最热烈的祝贺！

各位同学，高中毕业，意味着什么？意味着成长，意味着责任，意味着对自己、对他人、对社会、对大自然的责任。在去年的毕业典礼上，我与2014届的同学们讨论了高考作文题所关注的关于大自然、关于社会，这两个方面庞大的人生命题：环境保护、科学民主、自由法治，等等，这些都应该是青年一代认真思考的命题。

今年的作文题是："人的心中总有一些坚硬的东西，也有一些柔软的东西，如何对待它们，将关系到能否造就和谐的自我。"这引导18岁的青年，开始思考"人生"这一哲学命题，这是一个直抵世界观、人生观、价值观的命题。刚与柔、硬与软，这看似矛盾的对立面，如何统一在一个人的内心，就融进了一个人的价值判断与选择，我们只有对辩证法有准确的领悟，才能自由地把握心中的那份硬、那种软，才能使我们的人生因深刻和理性，而闪烁着智慧灵性与和谐美丽的光芒。

在我的人生历程中，曾经认为坚守内心的原则和追求的真理，应该"宁折不弯"，这可谓其硬无比。岁月荡涤着我的内心，慢慢地，我领悟到刚柔相济的智慧，体会到以柔克刚的力量。于是，对"内心"之"硬"的理解，多了一种全新的人生觉悟。《平凡的世界》中，有这样一种说法：没事不惹事，有事不怕事。人生路上，我们需要面对人生种种，对理想的执着，对真理的追求，在失败中的坚持，在权贵面前的骨气……这些需要我们内心的坚定和坚强，可谓需要内心之“硬”。然而，对大自然和规律的敬畏，对社会的感恩，对他人的尊重和关爱，对不同文化和价值的包容与理解……这些更需要我们理性和博爱，更需要内心之“软”，才能使人与自然、人与社会、人与他人更加和谐，我们生活的这个星球才会更加美好与灿烂。

各位同学，志存高远，好学力行，是市西人的文化标识。我希望也相信：每位同学无论身在何处，时刻铭记自己是市西人，市西是你永远的精神家园。在你成功时，勿忘让市西分享你的喜悦，在你失意时，请记住市西永远是你坚强的后盾。

得失成功，甜酸苦辣，都是一种拥有，而拥有就是一种财富。祝愿并相信：每位同学通过自己的持续学习与不懈努力，一定会拥有幸福、美好、卓越的人生。

同学们，人生路漫漫，一路多珍重！

2015年6月8日

2015届毕业寄语

2015届，对我来说是特殊的一届。

2015届，是我在市西中学工作以来，共同走过完整三年的第一届。我与2015届全体师生一起创建思维广场，探索教学变革；创设微型讲座，拓展知识视野；扩建创新实验室，培育创新素养；开展文化游学，感悟默会知识；自主阳光体锻，发现运动伙伴……三年中，我们一起伴随着品牌市西一步步走向卓越。

2015年，是我高中毕业30周年。30年，我感受着社会进步，此刻，我想象着30年后的你们。30年前的高考命题者，让18岁的我们开始了对“保护环境”这一人类与自然和谐发展的宏大命题的思考。今天，环境保护已成为全社会的共识。2015届的同学们应该思考什么更深刻的命题呢？去年，高考命题者启发着当代青年人关于“自由”的思考，可以说，这是关注人类自身的更为宏大的命题，民主、法治、自由、平等必将成为中国未来30年改革与发展的重要主题。我相信市西学子一定会在中国新一轮改革与发展中承担起历史赋予自己的责任。

“心身家国齐努力，德智体群共增长”，愿“好学力行”伴随大家拥有幸福美好、健康卓越的人生。

2015年5月28日

学习，是一场超越功利的人生修行

2016届毕业典礼致辞

各位同学、家长、老师、校友代表，VVS Paul校长：

晚上好！

首先，请允许我代表学校向包括IB-DP课程班在内的272名学生，经过三年的学习，圆满完成高中学业，顺利毕业表示热烈的祝贺！向各位家长对孩子的18年辛勤培育以及对学校工作的理解和配合，表示敬意和感谢！向市西中学各届校友以及社会各界对学校的支持和帮助，表示衷心的感谢！向三年以来，与我们精诚合作的VVS学校专程来沪参加毕业典礼，即将向IB-DP班学生同时颁发VVS毕业证书的Paul校长和VVS特别代表，表示热烈的欢迎！特别是，要感谢在座的以及不在会场的市西中学全体教职员工对学生的倾心付出，感谢在校园中为学生悉心服务的社会化管理单位的员工，让我们把最热烈的掌声送给关心、爱护、培育、教导和服务这一届学生的所有人！

同学们，这几天，我一直思考着在毕业典礼上与大家说些什么，今天一早到校，翻出了三年前在新生入学手册中写给大家的公开信《未来，扑面而来》，我不停地追问自己：我和市西的教师团队，三年中给了你们什么？也在想象着：这三年，你们收获了什么？我试图寻求一个答案：此时此刻，面对2016届的每位学生，市西中学全体教职员工，在追寻教育的本原价值，遵循教育规律和学习科学，促进学生全面而富有个性的发展过程中，是否问心无愧？

各位同学，今天完成了人生路上一次看似艰难的历程，然而，就如高二（6）班董婉彤同学在祝愿大家高考顺利的文章中所写："你要相信，这一次的战役（高考）远远不是生活的终结，不是句号，只是缀于生活乐章上的一个六十四分休止符。"我特别想告诉大家一句话："学习，是一种修行，是一场超越功利的人生修行。"

学习应该是人类与生俱来的一种遗传素质，当今的中国教育却给学习赋予了太多功利的目的，这是文明的"进步"还是社会的悲哀？学习的目的应该是使每个人努力成为更好的自己，当我们的学习背负着太多功利的枷锁时，我们与更好的自己是否渐行渐远了？三年前的公开信中，我希望大家“让学习成为一种习惯，一种生活方式”，今天，我要进一步告诉大家：学习应该是一种超越功利的行为过程，是一种没有功利的修行。这样，我们才能豁达地去面对世事种种，才更有可能成为更好的自己。

各位同学，赵传家校长提出“好学力行”的校训，熏陶和影响了一代代的市西人。“好学力行”校训出自孔子的“好学近乎知，力行近乎仁，知耻近乎勇”。“好学”“力行”“知耻”，是可以观察到的行为，我在想：在赵传家校长的思想深处，其实是期待着每位同学将这种行为内化为“知”“仁”“勇”的。同学们，中国和世界正处在一个巨大的变革时代，“未来，已经扑面而来”，你的人生将从这里启航，你准备好了吗？2012年开始，我经常与老师们讨论市西教师的特质与追求：崇高的师德、自由的思想、独立的人格、民主的精神、包容的心态、专业的素养和创新的能力。我想以这七点与各位同学共勉，这些特质的形成需要每个人持续的学习与践行，只有这样，才能使自己在尊重法治和遵守规则基础上，在任何时候保持个体的自由、独立、平静，而拥有富有尊严的灵魂。

各位同学，每个人的一生难免有失意、挫折，甚至失败的时刻。我还是想告诉大家，人生路上得失成败都是一种拥有，拥有就是人生宝贵的财富，也许，只有拥有了甜酸苦辣，才能构筑起真实、丰富而绚丽的人生。

各位同学，人生路漫漫，市西已成为你不灭的文化印记，是你永远的精神家园。30年后，当我老了，我们是否依然眷顾着彼此虔诚的灵魂，你是否还会爱着我苍老的脸上的皱纹？那时，我们将开启你年少时封存的心愿。

最后，再次预祝各位同学进入理想的大学，拥有美好的未来和幸福的人生！

2016年6月8日

2016届毕业寄语

2016年，对许多人而言仅仅是时间长轴中平常的一点，普通得在历史长河中找不到任何印记。而对于2016届市西中学高三毕业生来说，2016年，却是有别于其他毕业生的一个特殊岁月，将永存于自己的记忆中。

2016年，我们是上海“3+1”高考的最后一届学生，我们因此而成为“旧”高考的终结者，成为一个时代的历史见证者。

2016年，我们是在高三跨越静安两个阶段唯一的一届学生，我们成为“老”静安教育的守望者，成为“新”静安教育的开创者。

2016年，市西中学即将迎来命名70周年特殊的一届学生，我们是喜迎校庆系列学术活动的参与者，也是70周年校庆庆典最年轻的校友。

而此刻的我，刚刚填写完《毕业研究生登记表》，2016年，我第三次成为华东师范大学毕业生。于是，我对2016年，又多了一份特别的情感和感悟。

攻读博士学位是我中学时代的梦想，但在本科毕业时我却毅然放弃了考研。我想告诉同学们：每个人都应该有梦想，有梦，才可能有远方和未来，即使那个梦最终没有实现，也不要纠结于人生的得失，只要自己曾经努力过，付出了，这样的人生就是充实而无憾的。

学习是每个人丰富自己内心和精神世界的一种行为方式，学习不应该服务于太多功利的目的，学习应该是为了使自己成为更好的自己，让自己和他人的生活更加美好。因此，“好学力行”的市西人，应该拥有内心的从容与淡定，拥有对他人的人性关爱和对社会的人文关怀，在平凡中履行对国家发展和人类进步的责任。

让学习成为一种生活方式，在超越功利的持续学习过程中，追寻自己的人生理想。以此与2016届毕业生共勉，并期待2043年，与大家一起见证“人生心愿”启封的时刻。

2016年5月28日

你会为自己的梦想追寻一生吗?

2017届毕业典礼致辞

各位同学、家长、老师、校友，Paul校长，陈笠博士：

晚上好!

今天，在这里隆重举行市西中学2017届高三毕业典礼，请允许我代表学校，向经过三年艰苦学习完成学业的301名高三学生，顺利毕业，表示最热烈的祝贺！向在高中三年为培育学生辛勤付出的，今天在座和不在座的全体市西教师，以及十多年来教导在座各位同学的幼儿园、小学和初中教师，表示最衷心的感谢！向18年以来，悉心关爱、精心呵护，一路陪伴孩子成长的各位家长，表示最崇高的敬意！并借此机会，向所有关心、理解、信任、支持市西中学发展的社会各界，表示最衷心的感谢!

各位同学，2017年，对大家来说是值得铭记的一年!

不管我们愿不愿意，在恢复高考的40周年历史性纪念时刻，我们成为中国新一轮高考改革的第一批“被实验者”。今天，我们还无法对这场改革作任何评价意义上的“预测”，然而可以预知的是经过20余场全市性统一组织的高考、学业水平考以及相应的模拟和试运行之后，2017届的高三学生与以往N届的毕业生相比，拥有了与众不同的第一次——“新高考”的体验。也许，这种体验会成为2017届学生特有的文化符号，让每一位亲历者更加回味，更值得记忆，也许40年后的今天，你们更有资格来解读和评论中国这一轮高考改革的“前世今生”。这就是人生经历给予每个人的宝贵财富。

1987年，当年的我与现在的你同龄。那年，我大二，有一种对教育的责任在内心涌动。那年的春夏，我行走几个省市，完成了一份关于教育的调查报告《教育现状，发人深思》，第一次对教育进行了可能是肤浅而幼稚的全面审视；那年的秋冬，我与16名大学同学一起走进市西中学，第一次站在讲台分四个年级（初一、初二、高一、高二）开展数学竞赛的辅导。就是在那一年，我真正确立了对教育的责任与梦想，这激励着我坚定地前行。那时的我，无法预知我会站在市西中学校长的岗位上，却可以“预测”

自己一定行进在“努力为我的学生撑起一片蓝天”的教育路上。

2017年，30年之后的今天，我与各位同学风雨同舟，每一个给同学们更多选择、更多自主时间、更多实践可能的决定，都需要市西人的教育自信和智慧，需要市西教师的专业素养和付出，请把掌声送给陪伴着各位同学走过了青春岁月中美好的高中三年的老师、同学以及自己。

同学们，今天，你们已经长大成人。然而，此刻的你是否记得三年前封存的人生心愿？这三年是否有所改变？2014年，你们选择了市西，从此市西成为你人生中一个不灭的文化印记，成为你一生的拥有。我至今还记得，随录取通知书一同寄发的致2014级新生公开信《选择形成责任，规则造就品德》，希望同学们重视“尊重规则会选择、合作包容有爱心，实践创新善质疑，身心健康全人格”这四个方面品质的培育。在三年的学习与发展过程中，学校结合“志存高远，好学力行”文化传统，进一步提出了“胸怀天下担责任”。各位同学，这三年，在赵传家校长提出的“好学力行”校训引领下，经过学校和教师的教育培养，你收获几许？发展如何？你的未来会在哪里？你将如何去追逐你的梦想？

2017年，是中国不平常的一年，“上天”（大飞机）、“下海”（航母）、“入地”（可燃冰）、“探微”（微处理），中国的科技发展令世人震惊。其中也有市西校友的贡献，1968届校友张洪涛领导的团队研究项目“青藏高原地质理论创新与找矿重大突破”，曾获2011年度国家科学技术进步奖特等奖。张洪涛校友从1996年开始，即瞄准“后石油时代”的重要替代能源——可燃冰，以“不成功就辞职”的决然和戴“罪”立功的坚定，历经15年的艰辛付出，终获理论创新和找矿的重大突破，迎来了今天“可燃冰”开采的新突破。根据推测，可燃冰储量按照现在的能源消耗速度，可供人类至少使用1 000年，张洪涛团队的理论创新和突破，正在改变着人类社会。

其实，张洪涛校友中学时的梦想是当作家，“文革”打断了他的梦，他后来又阴差阳错地被长春地质学院录取。然而对文学的追求却从未中断，他以一种更贴近文学本质，注重自我审视的方式延续着这个梦：从1969年开始，他一直坚持写日记，一大箱子的日记本，记录着社会和时代的变迁，满载着作为地质人的事业和梦想。他的文学梦，就这样与地质梦悄然地交织在一起。

今天，我向各位同学介绍张洪涛校友的文学梦、地质梦，我只是想告诉大家：人生是丰富多彩的，每位市西学子都应该有自己的梦想，并为梦想执着一生。也许，社会和时代会打断自己的梦想，也许我们必须有所改变，然而对于智慧者而言，扎根于内心深处的梦想，即使不得不有所改变，依然可以用改变了的方式追逐一生。

各位同学，梦想有多大，舞台就有多大。2014年，学校举行了“30年后再相聚——人生心愿封存仪式”，你的梦想是什么？你会为自己的梦想追寻一生吗？当你们走出市西，走进广阔社会的时候，有更多的问题和困难，需要你去面对、思考和践行的时候，你还能坚守自己的梦想和憧憬吗？在你面对一次次挫折和失败的时候，你还能坚持自己的理想和信念吗？

相信2017届的每位同学一定会志存高远，好学力行，担负起对自己、他人，对社会和大自然的责任，努力在让自己成为更好的自己过程中，让我们共同生活的星球和世界有所改变，更加美好！

人生路漫漫，一路多珍重！

谢谢大家！

2017年6月8日

2017届毕业寄语

1987年，当年的我与现在的你同龄。那年，我大二，有一种对教育的责任在内心涌动。那年的春夏，我完成了一份关于教育的调查报告《教育现状，发人深思》，第一次对教育进行了可能是幼稚而肤浅的全面审视；那年的秋冬，我与16名大学同学一起走进市西中学，第一次站在讲台分四个年级开展数学竞赛的辅导。就是在那一年，我真正确立了对教育的责任与梦想，这激励着我坚定地前行。

2017年，30年之后的今天，我陪伴着各位同学走过了青春岁月中美好的三年，你们已经长大成人。然而，此刻的你是否记得三年前封存的人生心愿？这三年是否有所改变？你的梦想是什么？你会为自己的梦想追寻一生吗？当你们走出市西，走进广阔的社会的时候，当有更多的问题和困难，需要你去面对、思考和践行的时候，你还能坚守自己的梦想、憧憬和信念吗？

市西中学的“好学力行”文化传统影响和熏陶了一代代市西人，相信2017届的每位同学一定会志存高远，好学力行，担负起对自己、他人，对国家、民族，对社会和大自然的责任，努力在“让自己成为更好的自己”过程中，让我们共同生活的星球和世界有所改变，更加美好！

2017年5月27日

超越自我，就是一种“被需要”

2018届毕业典礼致辞

各位同学、家长、老师，各位嘉宾：

晚上好！

今天，在这里举行2018届高三毕业典礼，请允许我代表学校向280名同学经过三年历程顺利完成学业，正式毕业，表示最热烈的祝贺！向理解、支持学校工作，将孩子培养成人的各位家长，表示最崇高的敬意！向在场的和不在场的市西中学全体教职员工，以及陪伴今天毕业的280名学生一路走来的所有幼儿园、小学和初中教师，表示最衷心的感谢！是你们的精心培育和悉心付出，才让在座的每位同学得到全面而富有个性的发展。借此机会，向所有关心和支持市西中学的社会各界及热心人士，表示最深切的谢意！

2018年，对中国和人类的未来来说，是具有重大意义的一年。5月4日，我给2018届的毕业寄语是这样写的：

2018年，终将成为过去；2018年，必将载入史册。

不仅仅因为，这年，我们长大成人，我们高三毕业。

不仅仅因为，这年，中国改革开放40周年，民族复兴进入关键期。

不仅仅因为，这年，国际形势复杂，中美贸易摩擦加剧。

不仅仅因为，这年，中国召开两会，全国人大修改宪法。

……

不仅仅因为，在中国“站起来”“富起来”，走向“强起来”的进程中，时代历史地选择了习近平，带领我们走进新时代。

……

> 2018年的今天，我仍在艰难地畅想中国的未来和人类的命运。此刻，我真心希望：为建构人类命运共同体，市西学子始终拥有独立的人格和自由的灵魂，始终坚持清醒的思考和审慎的批判，始终秉承好学力行的市西传统，致力于国家民主与法治建设，致力于社会发展与人类进步。

同学们不一定完全理解我为什么会在五四运动99周年之际写下这样一段文字，也许二三十年之后，在座的某些同学能够因这段文字引发更加深刻的思考。关于这个主题，就留给未来，留给各位同学自己去品读、去感悟。

今天一早，我走进办公室，第一件事情就是翻出2015年给大家的公开信，把自己写的文字又读了三遍，同时，检视自己这三年的教育历程与行为，检视自己面对在座的各位同学，是否可以坦然地告诉大家：在执着于平凡的教育中，我问心无愧？在自我反思过程中，我联想到今年的作文主题是“被需要”，于是就想与大家讨论一个话题：超越自我，就是一种“被需要”。

在2001年出版的一本书中，我是这样介绍自己的：“喜爱教师职业，执着于平凡工作，永不言弃付出……让学生满意，对学生发展有所帮助是我工作上的最大心愿。期待所有学生能超过自己……则此生无憾。”套用今年上海高考的作文题，这是不是一种“被需要”？

马斯洛在早期的研究中，将需要分成五个层次：生理的需要（身体对事物、温暖、性的需要）、安全的需要（对保护、秩序、稳定的需要）、社交的需要（爱情、友谊、归属感的需要）、尊重的需要（受到尊重与肯定的需要）、自我实现的需要（发展潜能、实现理想的需要）。然而，他在去世前发表了一篇重要论文《Z理论》，全面反省了需要理论，增加了更高层次的需要：自我超越的需要。马斯洛用不同的词汇来描述“超越自我”这一最高层次的需求，例如：超个人、超越、灵性、超人性、超越自我、神秘的、有道的、超人本、天人合一，等等。他认为：“我们需要比我们更大的东西，激发出敬畏之情，以一种自然主义的、经验性的、与教会无关的奉献自己。”我们审视马斯洛提出的“自我超越的需要”，本质上是不是一种“被需要”？也许，人类需要的最高层次，就是把个体需要的满足与自己的“被需要”融合在一起，这应该是一种极高的人生境界。

“被需要”是一种超越自我、超越功利的人生经历和生命体验，它既可能蕴含在轰轰烈烈的伟大事业中，又可能体现在极其细微的平凡行为中。超越自我的“被需要”与成就大小无关，与功名高低无关，却跟每个人内心世界的价值及其相应的行为选择与践行过程直接相关。

今天在场的各位家长，十八年精心呵护，孩子终于长大成人；十八年倾心付出，无怨无悔。这就是“被需要”！

今天在座的每位教师，三年悉心教诲，学生学成毕业；三年细心培育，兢兢业业。这就是“被需要”！

今天毕业的每位同学，未来心存感恩，好学力行，志存高远，胸怀天下，努力成为更好的自己，致力于人类命运共同体的建构。这就是市西学子的“被需要”！

……

各位同学，三年前，你在读完《平凡中的坚持与执着》之后，感受到了什么？执着于平凡，是一种价值追求，一种超越功利，却坚定地践行自己人生信念的生活状态，也许这是追求自我超越的一种实现途径。“平凡中的坚持与执着，可以给予我们更多内心的力量，让我们坦然地面对生活的种种际遇。”同学们，社会和大自然的力量可以造就或摧毁许许多多，然而这些力量却不一定能够影响人的内心，只要自己的内心足够强大，我们的心中就拥有了世界，就可以超越自我，得失成败，酸甜苦辣，都会成为心中一道亮丽美好的风景。

同学们，人生路漫漫，一路多珍重！

谢谢大家！

2018年6月9日

2018届毕业寄语

2018年，终将成为过去；2018年，必将载入史册。

不仅仅因为，这年，我们长大成人，我们高三毕业。

不仅仅因为，这年，中国改革开放40周年，民族复兴进入关键期。

不仅仅因为，这年，国际形势复杂，中美贸易摩擦加剧。

不仅仅因为，这年，中国召开两会，全国人大修改宪法。

……

不仅仅因为，在中国“站起来”“富起来”，走向“强起来”的进程中，时代历史地选择了习近平，带领我们走进新时代。

……

2018年的今天，我仍在艰难地畅想中国的未来和人类的命运。此刻，我真心希望：为建构人类命运共同体，市西学子始终拥有独立的人格和自由的灵魂，始终坚持清醒的思考和审慎的批判，始终秉承好学力行的市西传统，致力于国家民主与法治建设，致力于社会发展与人类进步。

2018年5月4日

愿你的灵魂给“真善美”留一点空间

2019届毕业典礼致辞

各位同学、家长、老师，各位嘉宾：

晚上好！

今天，在这里隆重举行2019届高三毕业典礼，请允许我代表学校向完成三年学业顺利毕业的284名同学，表示最热烈的祝贺！向理解、支持学校工作，将孩子培养成人的各位家长，表示最崇高的敬意！向在场的和不在场的全体教职员工，以及曾经陪伴284名同学，一路走来的所有幼儿园、小学和初中教师表示最衷心的感谢！借此机会，向所有关心和支持市西中学发展的社会各界及热心人士，表示最深切的谢意！

“九”在中国传统文化中具有特殊的意蕴。岁月巧妙地编织着历史，使2019年具有诸多纪念意义：揭开中国新文化纪元的五四运动，100周年；中华人民共和国成立，中国人民从此“站起来”，70周年；中国改革开放，中国人民从此“富起来”，40周年……也许，2019年的中美贸易摩擦，会促成中国进入“强起来”的伟大复兴时代。中国的百年沧桑巨变，有目共睹；中国的改革开放成果，举世瞩目。中国已经行进在“最好的时代”，然而，居安思危，中国的改革开放已经进入了“深水区”，我们要严防“最好的时代”演变成“最坏的时代”。在2019届毕业之际，希望市西学子能够以积极的心态，走进处在剧变中的社会，迎接时代的挑战，迎接未来的每一种可能。面对这样一个剧烈变化着的世界，真诚期待：你会在你的灵魂深处给“真善美”留一点空间，并以毕生的追寻和守护，集聚成社会文明与进步的希望之光，主要体现在三个方面。

第一，以理性的思辨，学做真人。著名教育家陶行知坚持“千教万教教人求真，千学万学学做真人”的教育信念，告诫我们：“真”比一切都重要。希望市西学子在“好学力行”的校训引领下：学真本领，求真知；养真道德，说真话；究真世界，办真事；识真社会，做真人。在繁杂的大自然和浮躁的大社会中，我们只有坚持理性的思辨，“不唯上，不唯书”“追求真理，学做真人”，才能更好地守护发自内心的那份致远的宁静，才能真正做到“不说假话”，即使在万不得已必须讲假话时，也一定坚守“不害人”的底线。

第二，以善良的心灵，守护世界。中国传统崇尚“勿以善小而不为，勿以恶小而为之”，诠释了“善”在社会关系中的行为价值。我无意批判社会现实，然而当我们环顾现实：由不信任而恶化的医闹事件，由小事件发酵的网络暴力，因追求利润而无视的环境恶化，为超越他人而引发的教育焦虑……所有这些，如果共同生活的人们，拥有一颗善良之心，很可能就会如烟云般迅速消散。“人生最珍贵的是什么？”“是善良。”“人为善，福虽未至，祸已远离；人为恶，祸虽未至，福已远离。”善良是一种根植内心的崇高品质，是一种对己、对人的生活态度，善良是一种智慧，一种自信，一种精神，一种文化。希望所有市西学子以善良之心面对周围的一切，善待自己，善待亲人，善待朋友，甚至善待敌人，善待生活中遇见的每一个人、每一件事。

第三，以美好的姿态，开创未来。社会发展史，可以说也是一部人类不断追求更加美好生活的创造史。大自然的伟大力量塑造了许许多多宏观的、微观的美丽，人类的聪明才智创造了丰富多彩文化的、艺术的美好。其实，学习及其催生的教育，其基本的目的和任务就是使每个生命个体拥有更加美好的人生，让我们共同生活的社会更加美好。今年的上海高考作文，以音乐为背景引入的作文考题，从一个侧面反映着命题者以特殊方式引导学生对音乐之美、生命之美的感悟。世界是美好的，生活是美好的，问题在于我们以怎样的姿态去面对世界，面对生活。生活犹如一面镜子，我们以怎样的姿态和心情去面对镜子，生活必将以同样的方式回馈给自己。

今年，江苏高考作文的材料是："物各有性，水至淡，盐得味。水加水还是水，盐加盐还是盐。酸甜苦辣咸，五味调和，共存相生，百味纷呈。物如此，事犹是，人亦然。"这揭示了深刻的人生哲理。我想告诉大家：人生得失成败，都是一种拥有，拥有就是人生的财富，也许，拥有酸甜苦辣咸的人生，存在缺憾的人生，才是真实而美好的人生，才是丰富的、绚丽的。相信市西学子：一定会以美好心情和姿态，开创属于自己的未来，拥抱属于自己的美好。

各位同学，三年前，在你收到录取通知的那一刻，我与大家讨论了一个话题："读书与行走，生命的一种姿态。"我们不仅要有"读破万卷书"的意志和信念，更要注重"行走”这一学习过程，要有“行走万里路”的勇气和毅力。我和市西全体教师，与各位同学和家长一起，在践行“读书与行走”的学习中，走过了这三年，在我们坚定地“读书”和“行走”过程中，努力保有着美好的生命姿态。我们坚信，坚持这样，“即使跌倒了，姿势也非常豪迈”。因为，我们明白社会和大自然的力量可以造就或摧毁万物，然而这些力量却改变不了具有强大内心的人们，只要自己的内心足够强大，我们的心中就拥有了世界，就可以超越自我，超越功利，超越得失与成败，所有的人生经历和际遇，都会化作心中一道美好的风景。真心期待：所有市西学子，能够以毕生的信念追寻人间的真善美，不管世事如何变迁，都要在你的灵魂中，给真善美留下足够充裕的空间。

各位同学，市西是一种不一样的教育存在，愿你怀揣在市西三年铸就的梦想，怀揣真善美的信念，勇敢地一路前行，去开创未来，拥抱属于自己的幸福美好人生！

人生路漫漫，一路多珍重！

谢谢大家！

2019年6月9日

2019届毕业寄语

“九”在中国传统文化的语境中具有特殊的意义。

2019年是一个值得纪念的年份：

揭开中国新文化纪元的五四运动，100周年。

中华人民共和国成立，中国人民从此“站起来”，70周年。

中国改革开放，中国人民从此“富起来”，40周年。

……

2019届学生，必将成为中国从“富起来”走向“强起来”的参与者、践行者和见证者，书写出更具时代感的中国之“九”。

真诚地期待：2019届毕业生，秉持市西“志存高远，好学力行”的文化传统，在“民主、科学”的五四精神引领下，致力于人类命运共同体的建构，推动国家的发展、社会的进步。

充分地相信：2019届毕业生，一定会在开创未来的进程中，创造属于这代人的历史，市西中学一定会因你们为社会的付出与创造而骄傲！

2019年5月4日

人生，不是只有“好”与“不好”

2020届毕业典礼致辞

各位同学、家长、老师，各位嘉宾：

晚上好！

今天，在这里隆重举行2020届高三毕业典礼，请允许我代表学校向完成三年学业顺利毕业的290名同学，表示最热烈的祝贺！向理解、支持学校工作，将孩子培养成人的各位家长，表示最崇高的敬意！向在场的和不在场的全体教职员工，以及曾经陪伴各位同学，一路走来的所有幼儿园、小学和初中教师表示最衷心的感谢！是你们的精心培育和悉心付出，才让在座的每位同学得到全面而富有个性的发展。借此机会，向所有关心和支持市西中学发展的社会各界及热心人士，表示最深切的谢意！

各位同学，2020年，对人类来说是灾难深重的一年，教育也面临着严峻的挑战，因疫情而展开的两个多月线上教学，一方面可能成为催生数字化背景下教学范式根本变革的“转折点”，另一方面，也可能成为摧毁个别学生身心健康的“最后一根稻草”。在这特殊年份的毕业典礼，我想与各位同学讨论一个话题：人生，不是只有“好”与“不好”。

“好”与“不好”是对立的两极，有许多人习惯的思维方式是：除了“好”，就是“不好”。于是，对有些人而言，考进“北清复交”是“好”，没有考进这类高校就是“不好”，甚至在个别优秀学生的心目中，考第一名是“好”，考第二名就是“不好”……也许正是这种简单的“二分法”，加剧着今天教育的社会性集体焦虑。

如果将“好”与“不好”看成两个端点，那么介于“好”与“不好”两点之间，却有无数个点；如果将“好”与“不好”看成黑白两色，那么介于这黑白两色之间，有太多的过渡色。其实，人生本来就是这样，很难以“好”或“不好”简单地评价一个人、一件事，更不能以“好”或“不好”笼统地评价一个人的人生。

今天，各位同学高考刚刚结束，借此机会我想与大家分享一个我的高考故事。35年前的7月7—9日，我参加了高考，第一天上午考语文，考试结束，我就知道我的第一志愿不可能进了，因为当年是高考之前填报志愿。当类似这种“不好”的事已经发生时，我们该如何面对？对我来说，就是认真地应对剩下的科目，考出正常的水平，这是我们面对“不好”状态的一种积极心态。我的高考后面两天发挥都属正常，最终以第三志愿被华东师范大学录取。也许不少人会认为这对我就是一种“不好”，因为我没有考上第一志愿填报的大学。今天我站在讲台上，给大家呈上毕业致辞，此刻的我也许还称不上完全的“好”，但至少不能说“不好”，如果我没有当年语文考砸了的“不好”，也就没有我今天的教师身份，以及此刻给各位同学们的毕业致辞。我想告诉大家：如果一定要判断“好”或“不好”，这常常也是一时一事的，而且在时间的长河中，对于同一件事的“好”或“不好”的评价，也是可能发生变化的，所以，人生不是能够以“好”或“不好”这么简单可以概括的。

今天的教育非常重视生涯规划，这是好事。人生不能没有理想与信念，不能没有目标与追求，少年要立志，这是催人奋进的动力。但是，我们必须正视生涯规划，理性面对规划所确定的目标，社会在变，时代在变，人也在变，未来总是存在诸多不确定性，任何人都无法预知未来，对于高中毕业生来说，规划的目标没有实现的可能性很大，我们切忌因曾经确定的目标没有实现，就将自己的人生定义为“不好”。我个人认为：人生要有理想，并要为目标孜孜以求，付诸行动，我们要享受付出过程的美好，不要纠结于结果是否如人所愿，更要避免将自己培育成以功利化目标为追求的精致的利己主义者。

从矛盾论的角度分析，如果将“好”与“不好”看成对立的两个方面，这两个方面应该是对立统一而成为一个有机整体的。对于人生中遇见的某个人、碰到的某件事，常常很难以“好”或“不好”简单地评价，很可能还存在“比较好”“不太好”等结论，如果一定要判断“好”或“不好”，不同的评价主体由于价值观等方面的差异，也可能会作出截然不同的结论，而且随着时间的推移和环境的改变，这样的结论还可能发生根本性的改变。所以，人生，不是简单地可以用“好”或“不好”划分的，这是不是也可以说是中国儒家“中庸之道”的一种朴素的诠释？

人生，不是只有“好”与“不好”，在未来的人生路上，我希望每位同学，能够正确地认知自我，理性地面对他人、面对社会、面对自然，以合作、包容、敬畏与感恩，面对自己身边的人与事：不求第一，但求一流；不求最好，只求更好！

各位同学，市西是一种不一样的教育存在，愿你怀揣在市西三年铸就的梦想，怀揣真善美的信念，勇敢地一路前行，去开创未来，拥抱属于自己的幸福、美好、卓越的人生！

人生路漫漫，一路多珍重！

谢谢大家！

2020年7月9日

2020届毕业寄语

2020，庚子年；1960，庚子年；1900，庚子年；1840，庚子年；……庚子中国，多少苦难事？

2020年，是不幸，抑或是幸运？不管怎样，2020年，终将成为历史。

尽管，事实总归是事实，然而，真实发生的事都会随着载体（包括人）的变化或消亡而淹没在时间的长河中。今天的史家，是否能够勇敢地以求真的姿态努力地记录2020年所发生的一切，为后来者复原历史事实，提供最原始的材料？

读史明志，以史为鉴。在2020届高三学生即将毕业之际，我是否也应该以笔、以墨、以纸、以字，截取2020年这特殊年月的点点滴滴，与大家共存一份记忆？可惜，我既不是写手，也不是史家。

2020年，新冠病毒肆虐，医疗资源挤兑，国际交通阻断，世界经济停摆……人类文明正在经受全新考验。当信息被过滤，为脱责而“甩锅”，将外交变战场，把制裁当工具，以脱钩为威胁……病毒已经不仅仅侵害人类生命机体，病毒似乎正在侵蚀我们的精神、思想和灵魂。人类似乎正在进入前所未有的黑夜。

但是，回望历史，即使在人类的至暗时刻，依然有人相信未来，努力地寻求光明，为人类留存“求真”“向善”“尚美”之火，闪耀着构建人类命运共同体的希望之光。他们并非先知，只是选择了坚守信仰。罗曼·罗兰说过：“进步而不必付代价的事是没有的。将来的人一定会靠着这些苦难发荣滋长。”

疫情终会结束，黑夜总会过去。真心期待，浸润在“好学近乎知，力行近乎仁”文化传统中成长的市西学子，历经庚子疫情，能够更加坦然地面对世事种种，能够坚守内心的纯净和善良，能够坚持自由的思想与理性的思辨，能够满怀希望，相信未来……

2020年6月6日

今天，你还能悦纳“平庸”的自己吗？

2021届毕业典礼致辞

各位同学、家长、老师，各位校友代表：

晚上好！

今天，在这里隆重举行2021届高三毕业典礼，请允许我代表学校向完成三年学业顺利毕业的238名同学（含国际课程班），表示最热烈的祝贺！向理解、支持学校工作，将孩子培养成人的各位家长，表示最崇高的敬意！向在场的和不在场的全体教职员工，以及曾经陪伴各位同学，一路走来的所有幼儿园、小学和初中教师，表示最衷心的感谢！借此机会向所有关心和支持市西中学发展的社会各界及热心人士，表示最深切的谢意！

各位同学，经过12年的“寒窗”苦读，今天，你们刚刚完成了人生中一场重要的考试，这是一个人走向成熟不可或缺的人生历练。2015年，我写给新生的公开信主题是“平凡中的坚持与执着”，引用了1995年我在学生周记上的批语：“执着，不易；执着于不凡，很难；执着于平凡，更难。”当时，我试图告诉市西学子：“执着于平凡，这是一种境界，一种一般人很难企及的境界。”“这是一种价值追求，一种远离名利，却坚定地践行自己人生信念的生活状态。”“执着于平凡，并不是平庸，并不意味着追求一种碌碌无为的人生。”

而此刻，我想与各位同学进一步探讨：今天，你还能接受“平庸”的自己吗？

大家是否还记得2018年，我写给在座各位同学的公开信《AI时代，我们站在十字路口》？过去的三年，世界真实地发生了巨大的变化，中美贸易摩擦引发的社会剧变，新冠病毒造成的国际断联……让我们切身感受到在大自然面前人类的渺小，感受到在社会面前个体的弱小，处在百年未遇的世界大变局中，确确实实，“我们站在十字路口”，我们该何去何从？

大自然在变，社会在变，时代在变，教育也在变……在这种急剧变化着的环境下，在这样日趋功利化的社会与教育中，我们怎样才能保有内心那份纯真的梦想，坚守那份清静与平衡，不至于让自己迷失在这纷繁复杂、变化无常的“十字路口”？我真心期待各位同学：不仅能够“执着于平凡”，还要能够悦纳“平庸”的自己，接受自己的平庸。

一个人悦纳“平庸”的自己，并不是以“平庸”作为自己人生的目标与价值追求，而是要避免简单地以“不凡”为人生的目标追求，更加坚定地去做自己喜欢并对社会有价值的事情，执着于自己的理想和努力付诸实践的行为过程，而不在乎自己的努力最终带来的结果是否“平庸”。当我们为了追求一种有价值的目标，付诸持续不懈的行为实践时，即使最终仍然是一种“平庸”的存在，我们又能有什么理由不悦纳自己呢？因为过程，所以充实；因为付出，所以美好；因为持续行为的付出过程，所以坦然接受命运的种种回馈。即使“平庸”，也应该为自己的努力与付出而心存感动，感动于自己为追寻梦想、坚守理想而坚定付出的行为实践。

也许，有人会产生一个疑问：悦纳“平庸”的自己，这一观点是不是主张年轻人可以成为“躺平”一族？当今社会“内卷化”日益严重，教育的“内卷化”更显突出，确实有一些年轻人试图以“躺平”——足够充分的躺平，来避免和对抗自己被“内卷”。这种躺平是在“内卷化”社会环境中，感觉再怎么努力，也达不到自己期望的条件下，转而选择降低期望值，甚至没有欲望，不再努力，不再奋斗的一种生存状况。而我所说的悦纳“平庸”的自己，并非自甘“平庸”，而是为追寻梦想而不懈努力与付出之后，在别人眼中自己依然“平庸”的时候，你还能悦纳自己。这样的价值追求与行为实践，是与“内卷化”社会中的“躺平”现象截然不同的。

事实上，一个人的人生是否“平庸”，与评价的主体有关。“平庸”可以说是一种社会性评价，是以他人为参照系的评价，这种评价基本上忽略了个体差异性与需要。当一个人以他人的人生状态为量规评价自己的时候，很容易造成自己的心理失衡，而导致某些人的人生悲剧。

心理的失衡常常始于目标追求与行为能力之间的落差得不到及时的纠正和弥补，并在行为付出与期望结果不相一致时被持续强化。因此，每个人必须充分地认清自己的个体特质与行为能力，建立“自己轴”，避免“他人轴”，不要与他人比，而是要与自己比：今天的自己，是不是比昨天进步了一点点？通过自身的努力，明天的我是不是可能比今天更好一点点？我们不要在乎自己是不是高人一等，更不要在乎自己在他人眼中是不是属于“平庸”之辈。

其实，今年的高考作文题从一个角度很好地诠释了我的观点：“有人说，经过时间的沉淀，事物的价值才能被人们认识；也有人认为不尽如此。”你的人生“不平庸”的价值，也许需要经过时间的沉淀，才能被人们认识，“是金子总会发光的”；也许终其一生的努力付出，你的价值也未能为世人所发现，但你也应该欣然接受，悦纳“平庸”的自己。因为你努力过，奋斗过，抗争过，拼搏过，在自己的心里，你的人生就应该是精彩的、绚丽的，甚至称得上是轰轰烈烈的，这样的人生无疑是充实的、美好的、值得细细回忆和品味的。所有人的人生最终都会回归平静、平和，回归自然，与大自然融为一体。

写到这里，突然想到了中国儒家文化中的“中庸之道”，想到了阴阳平衡的太极图……可惜我是学数学的，实在难以准确解读这些古人的智慧，只好留给同学们自己去学习、去思考、去参悟。

最后，我想再说明一点，我希望同学们能够悦纳“平庸”的自己，这与赵传家校长提出的“好学力行”不是对立的，而是统一的。作为市西学子，不仅要“好学力行”，而且要“志存高远”，为了人类命运共同体的建构和中华民族的伟大复兴，为了属于自己的梦想，孜孜以求。只是在这样的追寻过程中，人常常是孤独的，可能经过几十年的艰难付出，依然难以取得突破性的进展，在别人的眼中也许会显得“平庸”。而在这种艰辛奋斗过程中，更需要你超越功利的追求与坚守，以平和的心态面对自己的挫折、失败，平静地面对他人的不解和差评，悦纳“平庸”的自己，接受自己的平庸，这样你一定会拥有健康愉悦美好幸福的人生。此时，你人生的“不平庸”“不平凡”，也许已经悄然而至。

最后，再次祝贺各位同学圆满完成高中学业，预祝大家进入自己心仪的大学继续深造，并通过自己的努力，拥有也许“平庸”，却满载美好与幸福的人生。

人生路漫漫，一路多珍重！

谢谢大家！

2021年6月9日

2021届毕业寄语

2021年是非常特殊的一年。

这一年，是中国共产党成立100周年，中华民族的伟大复兴完成了第一个百年的宏伟目标，全国脱贫攻坚战取得决定性胜利，人民走上全面小康的富裕之路。

这一年，国际竞争进一步加剧，中美贸易摩擦引发的持续影响更加显现，世界进入一个百年未有的大变局中，中华民族复兴之路需要全新谋划。

这一年，新冠疫情仍没有消停，人类社会面对大自然的灾难，“隔离”成为重要的应对和解决方案之一，人类应该怎样走向和平、稳定与繁荣?

这一年，正式“成人”的高三毕业生，应该如何面对和回应这样一个巨变的时代？这个时代将因为你的参与，你的付出，而能够成为你所想象着的时代吗？终究，这个时代必将由你的行为绘画或谱写而成。

也许，我们改变不了世界，也改变不了时代，甚至改变不了其他的任何人，但是我们至少可以改变自己。如果，我们希望自己生活在美好的世界，伟大的时代，希望人与人之间充满真诚与友爱，那么就首先让自己成为更加美好的自己，追寻一种“求真”“向善”“尚美”的超我境界。

市西中学首任校长提出的“好学力行”校训，熏陶和影响了一代代市西人。“好学近乎知，力行近乎仁，知耻近乎勇”，一个人只有持续学习，才能拥有知识、才能和智慧；一个人只有投身于广阔天地中的社会实践，才能懂得人与人之间的真诚、尊重和关爱；一个人只有明辨荣辱是非、善恶美丑，才能勇敢地坚守理想、公正和信义。

真诚期待并相信每位市西学子：能够“志存高远，好学力行”，以中华民族的伟大复兴为己任，修身齐家治国平天下，致力于建构人类命运共同体的新时代伟大实践。

以此，与2021届毕业生共勉！

2021年5月28日

那年，我也曾十八岁

2022届毕业典礼致辞

各位同学、家长、老师，各位嘉宾：

晚上好！

今天，我们在此举行2022届高三毕业典礼，请允许我代表学校向260位经过三年风风雨雨终于正式毕业的同学，表示最热烈的祝贺！向理解、支持学校工作，陪伴孩子成长的各位家长，表示最崇高的敬意！向市西中学全体教职员工和社会化管理单位员工，以及在同学们成长路上付出辛勤努力和心血的幼儿园、小学和初中教师，表示最衷心的感谢！并借此机会，向所有关心和支持市西中学的社会各界及热心人士，表示最深切的谢意！

2022年，在人类浩瀚的历史长河中，也许微不足道，但对于中国，特别是上海这个城市来说，2022年必将成为史册中厚重的一页，对于在座的每位同学，更是人生中挥之不去的永恒记忆。各位同学，你们高一时经历了第一次线上教学，今年又在线上备战高考。三年高中生活，与往届相比，少了太多学习经历与实践体验：南京考察、文化游学、学农实践、见习居委主任、扫大街，以及许多校园活动都因防疫要求而被迫削减、取消，甚至今天的毕业典礼，也只能采用线上线下结合的方式举行。然而，不管世事如何变迁，成长的步伐从不停止。

今天，我们终于迎来了高中毕业典礼暨18岁成人仪式，这是值得每位同学终生铭记的时刻。因此这几个月，我一直在思考：面对特殊的2022届毕业的同学们，我应该说点什么？

5月初，我应《上海教育》之约，给今年的毕业生以“在数学中，寻找理性的力量”作为寄语，期盼我们的社会能够拥有更多科学与理性。但今天面对市西学生，只讲这些是远远不够的，思前想后，还是回忆一些往事，今天就以“那年，我也曾十八岁”的回忆与感悟，寄语各位同学，并与大家共勉。

我出生于1968年，18岁那年我上大二。我们这代人很幸运，中学和大学的十年恰好贯穿了完整的80年代，那是一个处在改革开放初期，中西思想与文化交融的黄金时代。由于高考时语文学科的失误，我以第三志愿被华东师范大学录取，进入数学系学习，从此注定我一生与教育结缘。大学四年，华东师大求实创新、民主开放、自由包容的校园文化，让我结交了不少思政、中文、历史等专业的同学，深厚友谊延续至今。作为数学专业的学生，我会饶有兴致地去摘抄一些美文诗句，诸如“卑鄙是卑鄙者的通行证/高尚是高尚者的墓志铭”“黑夜给了我黑色的眼睛/我却用它寻找光明”；也会不求甚解地啃读尼采《悲剧的诞生》、叔本华《人生的智慧》、弗洛伊德《梦的解析》、莫利斯《裸猿》；甚至混在几百名文科同学中，去选修许纪霖老师的《中国国民党史》……所有这些，不仅给予了我丰富的知识，更重要的是在我面对各类问题时为我提供了全面分析、理性思考、独立判断、审慎选择的思维方式与思辨能力。这种学习习惯和思维方式，支撑着我一路走来。

今天，我想告诉各位同学：不给自己设置禁区的学习，更为多元的知识储备，可以丰盈我们的思想，充实我们的灵魂。在我们因挫折、失败而困惑迷茫的时候，我们看过的书，我们交往的师友，是我们力量的源泉，引领我们走出困境，完善自我。

1986年，我年满18周岁，在杨昌利老师的启发和教育下，向党组织递交了入党申请书。在上海防疫静默的日子里，我常常回想起1987年4月17日，我入党审批会的场景，以及作为党的一员走过的35年。当时大学生入党的审批会有一个环节：党员同志和入党积极分子对审批对象进行剖析评价之后，会提出一些问题，要求当场回答。所以，我的入党审批会进行了整整一个下午，不少问题至今记忆犹新："你如何理解党性与人性的关系？""改革开放以来，中国向西方国家学习科学技术和现代管理，如何看待当代中国的社会主义制度优越性？""当前社会，有人崇尚个人奋斗，你如何认识个人价值与社会价值？"……这些问题是我们那代人18岁时对人生和社会的思考和探索。同学们，今天，你们也18岁了，你们在思考什么问题呢？

18岁那年，我思考着人生，憧憬着未来。作为师大人，我的思绪更多被教育所牵引。1987年暑假，我曾经在石家庄军事教育学院接受军政训练，其间到西柏坡等地考察学习。然后赴北京，在北师大、北理工等大学与来自全国各地的大学生一起漫谈，共同审视我们这代人的成长经历，畅谈我们眼中的中国教育。而后，顶着高温乘8小时的长途汽车到河北遵化，又花了整整24小时，来到辽宁建平。那个暑假，我一路颠簸，一路寻觅中国的未来，畅想中国教育的历史、现实与未来。回到上海，根据自己的观察和思考，写了一篇调查报告《教育现状，发人深思》，获得华东师大社会实践活动论文评选二等奖。1987年9月，在大学老师的支持下，我与16位同学一起，来到市西中学，给四个年级（高一、高二、初一、初二）的学生开展数学竞赛辅导，这是我第一次真正站上三尺讲台，也是我与市西中学结缘的开始，好像是冥冥之中决定了我的人生。大学毕业后兜兜转转，我又回到了市西，迄今也整整十年了，所以今天才有机会站在这里，与各位同学分享我18岁的思考与感悟，寻觅与奋斗，理想与责任。

各位同学，18岁，意味着长大成人，意味着要对自己、对他人、对社会承担起作为社会人的全部责任。责任，既是一种权利，更是一种义务，权利可以放弃，而义务不能。今年你们18岁，今年打响了一场史无前例的“大上海保卫战”，而这场“战役”里我们亲历的种种，相信未来、相信历史会给出客观而公正的评价。然而，一代人有一代人的幸运，很多经历放在历史长河中，可能都是成长的缘由和养料。今天，站在世界百年大变局和依然令人瞩目的大上海这样的时空方位中，你们的18岁何其幸运！这里，我真心期待各位同学用你们的科学与理性去正视，更通过你们的铭记与反思，让我们能够在美好世界中，呼吸更多自由而清新的空气，感受更多的真诚与善良。同学们，这也是18岁成人之后，你们必须义无反顾承担起的社会责任。

同学们，70多年来，“好学力行”的校训引领着市西的发展。我们应该相信明天，相信未来的中国一定会更加坚定地走在民主与法治的发展道路上，中华民族伟大复兴的第二个奋斗目标一定会通过你们这代人的不懈努力而实现。

各位同学，志存高远，好学力行，是市西人的文化标识。我希望，也相信，无论你身在何处，时刻铭记“我是市西人”，市西是你永远的精神家园。在你成功时，勿忘让市西分享你的喜悦；在你失意时，也请记住市西始终是你坚强的后盾。

同学们，人生路漫漫，一路多珍重！

谢谢大家！

2022年7月9日

2022届毕业寄语

2022届是特殊的一届，可以说高中三年伴随着新冠疫情，经历了两次线上教学，终于艰难地完成了学业。

而对于市西中学毕业生而言，这意味着缺失了许许多多学习与实践的机会，南京考察、文化游学、农村实践、形势考察等集体性实践活动都被迫取消，校园文化建设也被迫暂停或改为线上，甚至毕业典礼也改为线上与线下结合，集体毕业照也没有拍摄……所有这些，对高三同学而言都是令人遗憾的，这是一段特殊的经历与记忆。

也许，人生就是这样充满着无奈与失落，然而，即使在最黑暗的时刻，我们必须依然相信光明。市西中学的“老三届”已经用自己一生的行为实践，诠释了市西人的理想信念与价值追求，我也想以2018年10月4日，在68届毕业50周年纪念大会上的致辞《世界以痛吻我，我却报之以歌》，与2022届高三毕业同学共勉。

真心期待：市西学子即使在通往黑夜的路上，仍然坚守人类文明与科学理性的底线，仍然坚持用黑色的眼睛寻找光明……

2021年8月18日

在数学中，寻找理性的力量

致2022届高三毕业生

我已过“知天命”之年，改革开放40多年来的国泰民安将中国带入伟大复兴的快车道，殊不知，2022年一场看不见敌人的“战争”猝不及防，让人深感生命是如此的渺小脆弱，有时，看似美好的生活却会不堪一击。

作为2022届的高三毕业生，你们经历了高一线上教学，又在高考冲刺阶段不得不居家复习，比起往届的学长们，你们多了份历练与考验。以往，我对18岁走向成人的高三学生，总是喜欢寄语他们："得失成败，都是一种经历，而年轻时的经历终将成为我们的财富，也许，正是酸甜苦辣构筑起人生的丰富与绚丽。"然而，面对当下，我更想从一名数学教师的角度，与大家谈谈如何在数学中寻找理性的力量，勇敢而乐观地走向纷繁复杂的社会，去拥抱属于你们这一代的美好明天。

高中数学是从集合的描述性概念开始学习的。在集合论中有一个著名的“罗素悖论”：对于任意一个集合A，A要么是自身的元素，要么不是自身的元素。根据康托尔的概括原则，如果将不是自身元素的集合构成一个集合S，S是不是集合S的元素？这时，悖论就出现了。所以，高中数学一般通过限定研究对象，避开“对于一个集合A是否是自身元素”的讨论。其实，在现实生活中，我们一不小心就会进入罗素悖论的窘境。因此，在面对复杂世界时，把自己放在讨论对象之中，容易陷入“两难”的矛盾境地。设置限定条件将自身从讨论问题的范畴中隔离开来，可以更好地保持科学理性的独立思辨，也容易避免产生循环论证的可能性。把握好限定条件的“度”，是科学理性的表现。

在四种命题形式与关系、充分条件与必要条件的学习中，我们知道了互为逆否命题是等价命题，这是“反证法”的逻辑基础，在议论文的说理论证中常称为“归谬法”。这些知识与方法，为人们面对客观世界保持科学与理性，提供了基本的思维方式：第一，谨防将“必要条件”错误地当成“充分条件”，陷入被人误导的境地。事实上，如果运用“反证法”或“逆否命题”进行思考，比较容易得到正确的结论。第二，防止无限地加强“充分条件”的充分性，提出超出标准的行为要求，当这一行为付诸实施达成目标过程中，也许会由于条件的“加强”而引发不必要的其他问题。

分类讨论和类比化归是贯穿高中数学的重要思想方法。面对复杂的社会现实或生活问题，我们可以运用“分类讨论”将各类条件、各种可能的解决方案及其对应的结果，结合解决问题的期望性目标，分类匹配组合，逐一进行利弊分析，可以引导我们更加科学理性地思考与判断。

类比化归的思想方法，可以体现在时间纵深与空间横向两个维度的类比分析中。时间纵深的类比，就是要以史为鉴：历史常常惊人地相似，要善于反思历史，发现对策。当我们面临社会现实的重大问题与困难时，可以从历史的回顾、反思与启示中，理性分析相似的环境与条件，运用类比方法进行判断选择，寻找解决问题或克服困难的方法与路径。

空间横向的类比，表现为对他人处理同类问题而获得的经验与教训进行借鉴与反思。面对一个世界性问题，当大多数人采用某种应对策略时，任何主体要采取不一样的措施，就必须更加审慎地思考与分析，得到更加科学理性的结论，这其实也是类比化归思维方式的基本要求。

数学是“思维的体操”，数学绝对不是简单地会做题目，学习数学，最根本的是要锻炼大脑，培养科学理性的思维能力。通过高中三年的数学学习，我们要将大脑塑造成思维的机器，而不仅仅是接受知识的容器，从而使自己在面对复杂社会时，成为科学理性的思辨者，成为自主判断的选择者。

相信你们！经受了两次疫情洗礼和考验的2022届高三毕业生，一定会在数学中，进而在生活中，更加坚定地去寻找，并发现理性的力量。

2022年5月17日

做一个灵魂不被污染的人

2023届毕业典礼致辞

各位同学、家长、老师：

晚上好！

今天，我们在此隆重举行2023届高三毕业典礼，请允许我代表学校向273位经过三年风风雨雨终于正式毕业的同学，表示最热烈的祝贺！向理解、支持学校工作，陪伴孩子成长的各位家长，表示最崇高的敬意！向市西中学全体教职员工和社会化管理单位员工，以及在同学们成长路上付出辛勤努力和心血的幼儿园、小学和初中教师，表示最衷心的感谢！并借此机会，向所有关心和支持市西中学的社会各界及热心人士，表示最深切的谢意！

各位同学，今天完成了英语听说考试，完成了所有高考科目的考试，标志着高中三年新冠疫情不曾消停的2023

届，终于迎来了毕业的时刻。6月7日，高考第一天，我收到了来自华东师大79级的一位朋友的信息："2019年底去美国，原定一个月回来的飞机飞了三年半。三年半世界大变样。问安祝福！"我给他回复："世界已大变，老友依旧在！"是的，世界已大变！此刻，我很想与同学们讨论：世界为什么会大变？今天世界已经变成了什么样子？未来世界还可能变成什么模样？然而，这实在是太宏大的命题，限于自己的认知和能力水平，担心自己说不清、讲不透，一不小心还可能说错话。

于是，想起有人说过的话："我改变不了世界，但可以选择改变自己。"我想立足当下，立足自己，与同学们讨论一个话题："做一个灵魂不被污染的人。"我相信：当每个人努力成为一个灵魂不被污染的人，我们的世界一定会拥有更多真善美，人类一定会拥有更多美好与未来。

各位同学，我选择今天这个主题进行毕业致辞，主要因为最近网络上传播的两件事，请允许我分别简要作个介绍。

第一件事，关于国内体育。"2023年5月18日晚上，湖南省登山队领队范江涛、队员谢如祥在海拔8 450米处发现一位挂在路绳上生命垂危的中国籍攀登者，两人随即放弃宝贵的登顶机会，将其成功营救至C4营地。”为此，5月23日，湖南省体育总会向登山队发出贺信，特别表彰两名队员奋不顾身、舍己救人的行为。此后，由于被救者在支付夏尔巴向导协助营救所需费用上的分歧，一度引发网络舆情，此时，范、谢两位分别在自己的朋友圈上告诉大家：“我们救了她，也希望她能好好地活下去，希望网络上停止人肉、攻击、侮辱等行为，停止网络暴力。”“希望媒体和记者同志能够理解，传播正能量。”

各位同学，我们是否可以认为：范、谢两位队员在这件事情上选择的行为，就是灵魂没有被污染的一种具体表现。借此机会，我也想告诫大家：网络传播速度常常会超出人们的想象，网络暴力还可能置人于死地，所以，请大家在网络上一定要慎言慎行，一定要三思而后行，更不要成为网络暴力的实施者或参与者。

第二件事，关于教育。“2023年5月29日，成都七中各年级统一安排规则教育主题班会，当老师对全班学生进行价值观、规则意识和行为常规要求教育时，一位高二学生主观臆断老师针对自己，当场实施侮辱、威胁、伤害老师行为，在实施上述行为后被同学当场制止。”也许，疫情使一些人的心理状态出现了问题，然而这种侮辱、威胁和伤害老师的行为，在历史上，可能只有中国“文革”期间大规模出现过。“矩不正，不可以为方；规不正，不可以为圆。”我相信一个灵魂不曾被污染的人，是不可能做出侮辱、威胁和伤害他人的行为的，更何况他面对的是自己的老师。

各位同学，三年疫情，世界已经变了大样，而你的心灵是否依然纯净如初，就如放弃登顶机会，营救生命垂危的攀登者，哪怕在被救者由于营救费用发生分歧而面临网暴可能时，仍能坦然地发声：“希望她能好好地活下去。”我真诚地希望每一位市西学子：即使你的天空一片灰暗，乌云密布、暴风骤雨，也要坚守法律和规则的底线，做一个灵魂不被污染的人，哪怕追求心灵纯净的希望已经变得犹如一丝微光，忽隐忽现，甚至遥不可及，也要用生命去奋力追寻。

那么，如何才能做一个灵魂不被污染的人呢？今天，我想与各位同学讨论三点。

第一，以真诚和坦然面对世界，做一个灵魂不被他人和环境污染的人。大千世界，人生众相，诱惑多多。面对这样的世界，需要我们真诚地去面对每一个人，坦然地面对世事种种，方能分辨对方友善与虚伪，环境的纯净与肮脏，不被他人左右，不受环境影响，抵挡住各种利益的诱惑，保证自己不会因功利化追求而迷失自我，避免自己的灵魂被外界的人和事所污染。

第二，以善良和理性守护自己，做一个灵魂不被自己污染的人。决定一个人灵魂纯净与否，是否被污染，最根本的就是每个人对生命本原价值的一种判断与选择。如果一个人能够坚守内心的善良，以理性的思辨选择自己的语言与行为，一定能够守护自己纯净的灵魂，而不会成为精致的利己主义者。试想，刚才讲到的高二学生，如果拥有善良的心灵和理性的判断，他会做出侮辱、威胁和伤害他人的行为吗?

第三，以美好和科学走向未来，不让他人的灵魂因你的错误而污染。各位同学，我一直希望每一届市西学生中都能涌现一批推动社会发展的优秀人才，今天我想进一步提出希望：也许，若干年之后，当你在某一领域具有话语权，一定要坚守让社会更加美好，让每个人灵魂更加纯净的信念，以科学与理性，致力于国际和平与合作、国家民主与法治、社会和谐与平等，促进人类文明进步与命运共同体的建构，为更多人的灵魂不被污染，营造一个风正气顺的纯净环境。

各位同学，市西中学具有中西融合的文化传统，1946年正式命名以来，在首任校长赵传家提出的“好学力行”

校训的引领下，铸就了“海纳百川的历史渊源，兼容并包的教育情怀，好学力行的文化传统，敢为人先的教改探索，追求卓越的执着信念”的“海派”教育特质，熏陶影响了一代代市西人。相信经历了三年疫情的2023届毕业生，面对已经大变样的世界，一定依然能够坚守内心深处的那份纯净，以“尊重规则会选择，合作包容有爱心，实践创新善质疑，身心健康全人格，胸怀天下担责任”为目标，做一个灵魂不被污染的人，让我们共同生活的世界拥有更多真善美，让人类的未来拥有更多美好与灿烂。

最后我想以毕业纪念册上的寄语结束今天的讲话：

2023届高三因疫情而更显特殊。

也许，疫情促人成长，令人思索。

2023届的高中入学考试，就因新冠疫情突发而推迟举行。

2023届高三学生，伴随着新冠疫情的阴霾而一路走来。

2023届高中三年，少了太多太多实践经历与活动感悟的机会，却增添了一次一次线上教学。

所有过往，皆为序章。

2023届学生因磨难而更加坚强。

也许，磨难催人成熟，让人奋进。

相信2023届学生高中三年的所有经历，都会转化为直面人生种种困难与挫折，勇敢地走下去的强大精神支柱。

相信2023届会因高中时代的磨难而成为压不垮、打不倒的一代。任何时候都能够不怨天、不怨地，不怨人、不怨己，不怨过往、只信未来；任何时候都能够充满希望、充满微笑、充满信心，坚定地走向明天，迎接每一天的曙光。

铭记历史，谱写人生。

同学们，人生路漫漫，一路多珍重！

谢谢大家！

2023年6月9日

三

开学典礼致辞

学习的选择与规则

2012学年第二学期开学典礼致辞

各位同学、老师：

上午好！

一个寒假在辞旧迎新节日的欢声笑语中，很快就过去了。今天，每位同学又长了一岁，应该更添了一份走向成熟的憧憬。在这新学期的开学典礼时刻，我想与各位同学谈谈关于“学习”的问题，主要讲三点。

一、什么是学习？

关于学习，有很多不同的界定。有人认为：“学习是指通过阅读、听讲、思考、研究等实践途径获得知识或技能的过程。”它又有狭义和广义之分，狭义的学习指通过一定的方法与手段获得知识或技能的过程，是一种使个体可以得到持续变化的行为方式；广义来说，学习是人类生活过程中，通过获得经验而产生的行为或行动。学习是一种接受各种信息，通过自己的编码实现结构化，并内化为个体认知与行为的过程。学习的本质不是被动的灌输，而是主动的探究、探索过程，是一种主动习得经验的过程。学习的结果表现为认知能力与行为方式的改变，而不仅仅是知识信息的简单记忆和理解。

所以，从学习概念出发，我认为，学习是人类的天性，是一种与生俱来的行为能力，是个体实现社会化的本能需要。既然学习是一种“本能需要”，那么，学习的主体必然是学习者本身，根本不可能是作为教育者的教师。今天，我特别想告诉大家：学习是每位学生自己的事情，每位学生必须对自己的学习负责，谁也替代不了学生自己的学习。而教师的责任在于：学生喜欢并愿意学习时，提供必要的指导和帮助，以更好地支持和促进学生的学习与发展。

因此，我想分享一个观点：“不上课≠不学习，无作业≠不学习。”比如，我教数学，今天没有数学课，或者没有布置作业，那么，今天的课余时间，我教的学生是不是都不需要学习数学了？肯定不是的！事实上，有部分学生可能今天确实不学数学，这些学生也许会有更加需要用这些时间学习的内容，而一定应该还有一些学生今天仍会学习数学，而且学数学的这些学生，也是在完成不同的数学学习任务，有些可能在订正，有些可能在复习整理，有些可能在自主巩固，还会有些可能在预习……在“不上课”“无作业”下的非统一要求的学习时间中，学生学习的选择性大大增加，学习的主动性可以得到充分释放。

其实，“不上课≠不学习”“无作业≠不学习”对教师的教学素养提出了更高要求，教师必须更加注重学生学习兴趣的培养和学习方法的指导，真正使学生乐学、善学，同时，也对学生提出了更高要求，要求学生逐渐学会选择，学会科学安排学习时间，合理安排学习任务。

二、选择形成责任

什么是选择？如果面对两个或者更多方案，其中一个方案明显优于其他方案，那么谁都会选用这个方案。这是选择吗？这算不上真正的选择，你一定会认为不选这个明显优选方案的人有点莫名其妙。所以，真正的选择应该发生在面对“两可情况”或者“两难命题”时，必须选其一。

如何在“两可”中选“更利”？如何在“两难”中避“大害”？这对每个人而言都是一种考验，这时就需要人的选择能力。

人生面对太多的不确定性，面对不确定的未来，人们常常需要作出选择，而最终选择的正确与否，将决定一个人生命的走向。对每个人来说，选择能力是一种影响生存与发展的人生智慧。所以，市西中学非常重视学生选择能力的培养，努力引导学生参与学习过程，通过实践体验，逐渐感悟选择的价值标准与行为方式。

2012年10月，经过六个月酝酿、设计、装修、安装而成的思维广场，正式投入试行。为了平稳推进课堂教学改革，上学期，我们只在高一三个班级政治、历史、地理三门学科进行试点，一学期的实践探索为更大范围的实验积累了一些经验。在思维广场的教学中，三个班级政史地各一节必修课，共三节课连排，整整一个下午，学生根据教师精心编制的三份学习任务单，自主安排学习活动，学生可以独立学习，也可以合作学习，可以阅读教材，也可以上网查询，可以参加教师预设的主题讨论，也可以自主提出问题邀请同学讨论……在这样的学习过程中，学生学习的目标与任务、内容与方式、时间与进程、空间与伙伴等都是自主选择的，我们就是希望在这样的学习参与过程中，广大学生能够逐渐感悟并学会如何选择。

而且，当学生对自己的学习做出选择，并付诸行动的时候，必须清醒地认识到：必须对自己的行为负责，每个人都可能因为自己正确的选择而取得进步、获得成功，也可能会因为自己错误的选择付出代价，承担风险。概括地说，就是选择形成责任，我希望市西的学生真正对自己的学习负责，并在学习过程中逐渐学会负责任地选择。

三、规则造就品德

学校鼓励学生选择，并努力提供充分选择的可能。但是，选择是有规则的，有底线的。例如：作为学生，你就不能选择不认真听讲、不完成作业，等等。所以，我们还要强调：规则造就品德。

规则在学校就是校纪校规，包括学生的行为规范要求；规则在社会就是人们必须遵守的法律、法规和道德要求。我相信：敬畏规则、尊重规则、遵守规则的人，即使他想成为“坏人”，也是不太可能的，因为有规则的底线规范和制约着他们的行为。所以，可以说，规则是一个人品德的基本内涵和底线性要求，规则教育应该成为德育教育最基础、最重要的内容。

同时，我相信：中国的未来一定会更加坚定地走在民主与法治的发展道路上，民主需要规则，法治本身就是规则。所以，加强规则意识培养和行为规范养成，本质上就是为未来社会培养一代遵纪守法的合格公民，从而更好地推动中华民族伟大复兴进程中的民主与法治建设。

各位同学，市西中学具有“好学力行”的文化传统，今天，我从“什么是学习？”谈起，讨论了“不上课≠不学习”“无作业≠不学习”，希望每位同学坚持“选择形成责任，规则造就品德”，在学校具有充分选择性的课程与教学、时间与空间中，通过学习与实践，逐渐体验选择，学会选择，形成对自己的学习与选择负责的意识，并将尊重规则、遵守规则的行为选择，逐渐内化为自己的品德修养，使所有市西学子能够“作中华栋梁，心身家国齐努力，德智体群共增长”。

谢谢大家！

2013年2月19日

明述知识与默会知识

2014学年第一学期开学典礼致辞

各位同学、老师：

上午好！

今天，我们在这里隆重举行开学典礼，标志着新的学年正式开始。2014年，对上海高中教育而言，是具有特殊意义的一年。今年进入高一年级的同学将按照新的高考方案要求，展开三年的高中学习，学校的课程设置与教学实施也将作出相应的调整和完善。面对上海高考和招生制度的改革，从2014学年开始，我们该以怎样的姿态回应这一教改举措？我想分三个方面与大家讨论分享。

一、好学力行，弘扬市西文化传统

首任校长赵传家先生提出的“好学力行”校训，是市西60余年践行和传承铸就的文化传统，已经成为市西中学的文化标识，影响和教育了一代代市西师生。

在新的发展时期，“志存高远，好学力行”已成为当代市西人共同的价值追求和行为准则。“志存高远”要求学生有理想、有追求，具有远大的志向和宽广的胸怀，要以民族的伟大复兴和人类的持续进步为己任；“好学力行”要求学生有责任、有担当，要脚踏实地，敢于实践，要勤学、善学、乐学、博学，要让学习成为一种习惯，成为全体市西人一种共同的生活方式。

为此，我们提出并践行“选择形成责任，规则造就品德”。大自然变幻莫测，社会丰富多彩，人类道路种种，都需要我们去面对、去判断、去选择，选择是人类生存与发展的重要能力。在高中阶段，每位同学应该在学习过程中，通过体验，逐渐培养选择能力，逐渐学会选择，并对自己的选择负责，懂得选择是有规则和底线的，做到敬畏规则、尊重规则、遵守规则，将规则意识转化为自己的自觉行为要求，进而内化为自己的思想品德和道德要求，不断提升自己的道德水平和价值标准。

近年来，我们还倡导“不上课≠不学习，无作业≠不学习”的理念，希望广大学生在学校具有充分选择性的课程与教学中，积极主动地根据自己的学习状况和发展需求，自觉、科学、合理、有效地安排自己的学习，选择适合自己的学习内容和方式、时间和空间，实现全面而富有个性的发展。

二、遵循规律，追寻教育本原价值

教育的目的是什么？教育为什么而出发？这是每个教育工作者必须回应的问题，也是每一位有追求的高中生值得思考的问题。

学习先于教育而存在，教育是为了更好地支持学习而产生，在教育产生之初，根本不存在学校，更不存在大学。所以，“有一个好成绩，考一所好大学”，肯定不是教育的出发点，不会是教育的目的，也不应该成为教育目标。

教育承载着传承、传递、传播和创生文化的功能，是为了更好地支持人们实现自然人向社会人的转变，使人类具有更为强大的适应社会和大自然的能力，使每个受教育者具有独立面对社会的生存与发展能力，而这种能力的获得，仅仅依靠课本知识的传授，是远远不够的。

因此，市西中学在继承学校敢为人先的教改传统基础上，积极探索教育规律，深化课程教学改革，近年来，推出了一系列的教改举措。例如，首创思维广场，扩建创新实验室，创建新型学习空间，开设微型讲座，寻访身边的市西校友，走出上海的文化游学，进商务楼宇看现代企业……这些教改项目都是基于对教育目的的理解和认知规律的把握而设计展开的，并以教育实践探索体现着对教育本原价值的诠释和追寻。

三、研究学习，探索知识传递途径

关于学习，有不同的概念界定。有人认为：学习是一种信息和知识的编码过程。我们不难发现：在学习过程中，信息和知识的获取固然重要，然而，可能更为重要的是“编码”过程，即将信息和知识结构化、系统化，并内化为学习者自身能力和素养的过程。所以，可以说，学习者对于信息和知识的“编码”方法、途径与能力等，一定程度上反映着一个人的学习能力与水平。

关于知识，有人将它分为明述知识和默会知识两大类。明述知识是可以用语言表达的知识，包括口头语言、文字语言、肢体语言等，它可以借助语言实现人与人之间的传递、传播。因此，明述知识可以通过教师的讲授、学生的阅读、师生和同学之间的讨论交流等方式进行学习。而默会知识通常先于明述知识而存在，它更多地属于能力与素养方面的知识，却难以用语言来表达，很难运用语言实现传递和传播。既然默会知识很难用语言表达和传递，那么它是怎样传递和传播的呢?

我认为，实践体验和文化浸润应该是默会知识传递的两大途径。刚才，我讲到的寻访校友、文化游学、进楼宇看企业、创新实验室项目学习，以及市西长期坚持的见习居委主任、扫大街、南京考察、军政训练、农村社会实践以及社会形势考察等，这些活动的设计与安排，就是希望广大学生在参与社会实践过程中，获得体验与感悟默会知识，实现能力与素养的内化、思维和思想的提升。

文化是一个组织的集体人格，学校文化就是构成学校的所有成员（包括教师、学生、家长、校友）的集体人格，是一所学校全体人员共同的价值追求和行为准则。学校文化对学生具有深刻而持久的影响，文化浸润是学生不可或缺的学习过程，是感悟并内化默会知识的一种重要学习方式。

学校文化至少有两种承载体:“物”的空间环境与“人”的精神思想。所以，我们不仅要重视环境建设，在完成校园改扩建之后，还进一步创建思维广场，扩建创新实验室，建设新型学习空间等，给学生提供安全、舒适、适合、可供选择的学习环境；而且，通过丰富多彩的校园文化活动，例如文史节、艺术节、体育节、科技节、英语戏剧节等文化节日，不断丰富学校文化内涵，从而引导大家有意识地浸润其中，感受文化元素，通过自己的思辨和判断，内化为自己的文化认知，外显为自己的行为选择，这本质上就是一种包含文化元素与内涵的默会知识的传递与习得过程。

近年来，学校组织开展的“寻访身边的市西校友”，就是希望通过寻访，不仅让刚进校的新生立即参与一项社会实践活动，而更为重要的是，让高一新生通过寻访校友，真实地感受市西文化，从校友身上，去体会学校的文化特质，感悟市西人的价值追求，逐渐明白市西学生应该怎样学习，未来怎样工作和发展，等等。所以，寻访校友活动既是一种实践学习，更是一次文化浸润学习，在这样的实践与浸润中，传递和传播着市西独特的默会知识。

各位同学，市西中学具有“好学力行”的文化传统，“好学”既是一种目标，也是一种过程，“力行”要求身体力行的参与和实践，强调积极主动追求发展的主体责任和内驱动力。我期待：全体同学在学校创设的优美的学习环境中，针对自己的实际和发展需要，积极主动地确立学习目标，自主选择学习内容与进程，不仅重视明述知识的学习，而且积极投身于各类实践学习和校园文化活动中，实现默会知识的体验、感悟和内化，使自己得到更加全面而富有个性的发展。

谢谢大家！

2014年8月31日

让学习更有价值

2014学年第二学期开学典礼致辞

各位同学，我们刚刚度过了寒假生活。今天，从中国传统节日来说还是在新年中，首先请允许我代表学校党政工向全体同学和老师表达新年的问候：“祝大家幸福、美好、健康、平安，学业有更大的进步！”

今天，我想和各位分享的主题是“让学习更有价值”。我记得在两年前的开学典礼上，我与同学们讨论了一个话题“什么是学习？”在今天2015年的开学典礼中，我想与同学和老师更加深入地来讨论这个话题：让我们的学习更有价值，以及怎样开展更有价值的学习。

一、怎样的学习是有价值的学习?

这个命题的提出意味着：有些学习是没有价值的，或者说不是特别有价值的。人的一生活到100岁也就是100年。我们高中也就是三年，一年365天，总共就1 100天左右，所以，正是因为生命的有限性，在有限的时间内，怎样使得我们的学习更有价值和意义，这直接影响和决定我们学习的效果，影响我们未来的发展。那么，怎样的学习是有价值的学习呢？我简单地用几句话来表述一下：

第一，符合社会发展方向和发展需要的学习。

第二，符合学生个体特质和发展要求的学习。

第三，符合人类认知规律、教育规律，遵循学习科学的学习。

比如我们让小学生学习微积分这就是不符合人类发展规律的，人类自身思维发展是有规律的，什么样的时间学什么样的内容更加有效，就意味着更有价值。又比如说对一个比较简单题目的简单重复操练，这就是不符合科学学习规律的，或者说丢了西瓜捡了芝麻。

再举一个例子，每门学科都有它基本的原理、基本的思想方法。每门学科都有它特有的本学科的学习方法。这是一种通用的、基本的、共有的方法，是人类思维发展的一个重要的组成部分，也是我们任何时期学习的核心。我们在平时学习过程中，比如说，理科学习、数学学习，可能需要通过一定量的习题，来让同学们领会、理解这样一种通用的、基本的、共有的方法。也就是说，一定量的练习是掌握方法的途径。但是，如果超越了这样一个量度的学习，本来通过三个题目可以巩固掌握这样一种方法，结果却用十个题目来强化这种方法，那很显然有七个题目的训练是价值不高的学习。所以，我要说的是，符合教育规律和遵循学习科学的学习是有价值的学习。

二、有价值学习需要把握的要素

让学习更有价值需要把握几个要素。我今天想和大家分享四个方面。这也是我们学校一直在强调的四个方面。

第一，让学习内容的安排更加丰富多元。

为什么说让学习内容的安排更加丰富多元，才是更有价值的学习呢？这里非常重要的是选择性。让不同的同学，根据不同的需要，有符合自己发展要求的选择。我在第一大部分已经讲了。符合学生个体特质和发展要求的学习是有价值的学习。如果一所学校所有的学习内容都是统一的，当每个同学要学全部一样内容的时候，肯定有一些同学的学习需求不能充分满足，而造成学习价值低下。因此，为了更有价值的学习，从学校角度来说，要将丰富的、多元的学习内容，提供给广大学生选择。同时，学生要学会在丰富多元的内容中，选择适合自己发展方向的内容来进行学习。

我们学校这几年，在这些方面，正在展开探索，从2012年9月份开始，把一天上课的时间调整为一天七节课，然后在放学之后，根据不同学生的发展要求进行分层分类的辅导。这也是提供选择性的一种路径。当然，这还是初步的。所以，今年的高一，在本学期开始，推出了免修制度，把免修制度作为我们学校未来的荣誉课程。也就是说，从这一届高一开始全面试点，当然，我们特别优秀的高二学生，你可以个别化地提出免修申请。免修学科为十门学科：语文、数学、英语、物理、化学、生物、政治、历史、地理、计算机。

学生在假期前，申请免修，然后通过自主安排时间，进行自学。如果提前将高一这个学期的内容全部学完，就可以参加免修考试。今天下午，学校就会安排第一次免修考试。免修考试的范围是什么？范围就是这个学期的全部内容。我们同学通过免修考试，获得免修资格后，就可以不上课，不做这门学科的作业。比如说数学免修，就获得了不上数学课，不做数学题目的权利。请大家注意，从政治学角度来说，什么叫权利？也就是说，你可以有不上课的权利，那么当然你也可以继续去听课。拥有了这样一个权利，是为了给同学们提供更大的选择空间。那么获得免修之后，并不是说，这门课就结束了。

为什么要免修？那就是为了给自己更有价值的学习提供一种可能。学校将根据免修同学的发展要求，来提供后续学习的支撑。后续学习包括什么呢？包括这一门学科的超前学习、加深学习、拓展学习，根据你的需要，学校提供必要的支持。也可以学习其他学科，甚至可以是高中学科学习内容以外的拓展、提高、加深。只要你需要，只要符合你的发展特质，学校将努力为这些免修学生提供学习的支持。例如，我们数学免修后想学语文，那就由语文老师对我们进行指导，如果同学们需要大学教授给予指导，那么我们就去聘请大学教授，这就是更有价值的学习。所以，除了免修的学生可以获得不上这门课、不做这门学科作业的权利，学校还会为每一位学生提供一位校内外的导师。学生可以自己去找、自己去沟通，学校全部认可。免修学生的指导教师可以跨学科，可以跨年级，也就是说我数学免修以后，可以找本年级的数学老师，也可以找其他年级的数学老师，甚至，不找数学老师而找英语老师来做自己的导师。这就是选择性。这就是一个核心的想法：在基础型课程中，通过免修制度的建立为广大同学更有价值的学习提供可能。

而拓展型课程重在兴趣和爱好的培育，研究型课程更加关注高阶思维的培育，综合实践课程突出默会知识的培育。例如，今天在主会场的高二同学，大部分在高一暑假参加了暑期文化游学，而在刚刚进学校的时候参加了寻访身边的市西校友活动，像这样的实践活动就是要为同学走出校园、走进社会，通过实践体验来获得人生感悟，提供更有价值学习的一种路径。所以，让学习内容更加丰富多彩，是学习更有价值的基本要素。也希望广大同学在这样一个丰富多元的学习内容选择中，发挥自己的主观能动性。

第二，让学习时间的配置更加科学合理。

生命是有限的，把有限的时间投入到无限的有价值学习中，这是我们每一位同学要通过基础教育阶段理解体会的一点。怎样使自己的时间安排更加科学合理，这是一个永恒的命题，也是使每一个生命个体更加富有活力更加精彩的基本条件。就一所学校而言，时间的科学配置有三个层面。

一是学校的管理层面，要科学合理地配置高中三年的整体时间，高一、高二、高三分别做哪些项目是有差异的，每一个阶段做什么事情更有价值，这都需要科学合理配置。如高一、高二和高三三个年级的活动安排、教学过程，甚至教学方法，都有明显的差异。高三要面对高考这样的人生考验，一定有一个怎样考出高分，就怎么教怎么学的问题。但是，如果这种方法用在高一、高二，学校却是坚决反对的，这就是差异，这就是我们要使时间安排体现更有价值学习的表现。所以我们高一新生刚刚进来时，我们安排校友寻访，到高一结束的暑假，我们安排文化游学，到高二升高三的这个暑假，将要对同学们怎样把知识系统化、结构化，怎样系统复习进行指导。这就是学校对三个暑期的整体配置。

从学校来说，不仅要三年整体配置，还要配置每个学年的周期性安排和每天的作息时间。例如：一天，从早到晚，怎样合理配置。在2015学年，也就是下个学期，我们一天时间的配置，还要进一步研究和优化。举一个例子，我这个观点已经讲了好多次了，下个学年开始，学生社团活动不再安排在中午。安排在什么时间？放学之后。每位学生参加学生社团的选择，可以选一个，可以选两个，提供更多选择的可能，而在某一个学期，你也可以不选学生社团。当然，选或不选，我们都会纳入对同学的综合评价中。到底怎样进行重新配置，我们会在暑假中研究方案，在下个学年试行。

二是教师对每节课的教学时间配置和进程的安排。这点，今天不展开了。每位教师要将每节课的时间配置作为一项重要的教学专业技术来对待，开展研究与实践。

三是每位学生对学习时间的科学配置。各位同学，我们现在一个学期，就算是20周，每周5天时间，也就100天，两个学期也就200大，扣掉200天，还有165天，属于休息时间。然后，就算是7:30到校5:30离校，每天在校时间也就10个小时。也就是说，200天的10个小时总共

2 000小时大家在学校，其他时间都不在学校。而其他时间用于学习，还是休息、娱乐，这肯定需要各位同学自己安排。即使在校的这10个小时，从我们学校来说，也有很大一部分时间是你可以选择自主安排的。这是一道非常简单的算术题，我要告诉大家什么呢？我想告诉大家：课余时间的科学合理安排，甚至可以说，决定着一位学生学习的结果。

所以，我们每一位高中同学，从16岁到18岁，这是人从少儿走向青年、走向成熟的一个关键的衔接点，你怎么面对、怎么走过，这就是你自己的选择。我们希望大家通过不断的摸索，找到适合自己的科学合理安排时间的方法，从而使自己的学习更有价值。

第三，让学习空间的选择更加开放自由。

市西中学的校园改扩建工程，为广大同学更加多元自主地选择提供了可能。我们传统的教室是学习空间，图书馆、思维广场是学习空间，图书馆和思维广场是有空调的。我今天在全校师生参加的开学典礼上讲一点。我希望我们更多的同学在放学时间，到图书馆、思维广场，自主看书学习。你可以看图书馆的书，也可以带着课本、教材进去，甚至在那里做作业，都可以，学校是鼓励的。我在想，最近一段时间，天气还不太温暖，我们是不是可以让图书馆和思维广场更温暖一点，把空调打开来？我的想法是希望同学们花更多时间去图书馆和思维广场，养成一种到图书馆学习的习惯。我希望通过两个星期，或一个月时间的努力，使更多的同学愿意在中午的时间，愿意在放学之后的时间去泡图书馆。这样的话，学校的电费支出，我觉得也更有价值。所以，我们是不是做一个约定？用六个星期时间，也就是到4月中旬，我们图书馆和思维广场的上座率达到一定比例。

当然，学习空间的开放自由也包括网络资源、校园网络的利用。所以，2015年将是我们学校校园网络提升应用能级的一年。我对老师们说过，从第二周开始，我们会提出具体的要求，每个星期网络应用要做什么事情，希望老师和学生一起来用好我们这个校园网络。去年，我已经和全体同学讲了我们学校的Wi-Fi要做到全覆盖，目前，Wi-Fi的开放时间是中午和下午放学后一段时间，我今天也要强调，我希望市西中学的学生是自觉主动学习的，把手机作为学习工具、学习终端来使用。在课堂上，只有老师希望你用手机的时候，你才用，老师觉得你不能用手机的时候，你就不用手机，如果这一点大家能做到的话，Wi-Fi

可以24小时开放。我们一起来观察一个阶段，也观察一个月，只要做到没有老师认为学生在上课不该用手机的时候使用了手机，如果学生确实将手机作为学习工具来使用，那么一个月以后，我们校园网内的Wi-Fi就可以24小时向学生开放。我希望我们的同学有一种遵守规则的意识，因为这个规则的实施从整体上来说给大家提供更多方便。不要因为个别人的不遵守规则，影响了更多人的方便，所以我刚才讲的图书馆也好，网络也好，Wi-Fi的开放也好，希望大家遵守规则。例如，校园网络中有很多资源、很多信息，是仅供本校师生查阅的，我今天也明确提出要求：凡是只供师生查阅的材料，每一位教师和同学不要将这些信息转发到公共网络中的各类平台，这是我们学校网络管理非常重要的一条规定。

第四，让学习方式的运用更具个性差异。

每位学生、每个人都有自己独特的学习方式，要善于发现自己学习不同内容时更高效率的学习方式，有些学生更善于通过视觉来学习，有些学生更善于通过听觉来学习，有些学生更善于通过触觉动作来学习，不同的学生有不同的学习风格，要善于发现并运用更适合自己的学习方式开展学习。

每一类知识有其独特的学习方式。人文学科的学习方式与实验课程的学习方式肯定不一样，所以要用不同的方式去学习。明述知识的学习方式与默会知识的学习方式不一样，同样需要用不同的方式去学习。

三、怎样才能使我们的学习更有价值?

第一，强化主体责任，培育自觉学习的意识。市西的学生应该是自觉学习的，只有对自己的学习负责，积极主动地学习，你的学习才能更有效，更有价值。

第二，丰富学习过程，明确自己的学习方向。丰富学习过程就是我们要参与到学校安排和同学自主组织的各类学习活动中去，通过参与体验、感悟，逐渐明确什么是适合自己的，什么是自己需要的，没有参与，就不知道课程和活动的内容，更不能判断是否适合自己，是否是自己需要的。因此，要通过丰富的学习过程，来明确自己的学习方向。

第三，提高选择能力，发现自己的学习特质。在参与的过程中，不断地去体验、去比较、去感悟、去选择，然后逐渐地发现自己的兴趣及爱好，根据自己的学习特质和需要开展学习，才能使自己学得更有价值、更有效。

各位同学，今天花了将近一节课的时间与大家分享了这样一个主题，就是让学习更有价值，希望同学们在学习过程中，能够真正实现有价值学习。

2015年2月

好学力行，迎接市西命名70周年

2015学年第二学期开学典礼致辞

各位同学、老师：

上午好！

今天，我们在这里隆重举行开学典礼，标志着新的学期正式开始。我们送走了2015年，2016年的元宵节还没有到，按照中国的传统习惯，现在仍在新春佳节中，请允许我代表学校，祝大家：新春快乐！幸福美好！

2016年，对市西中学具有特殊的纪念意义，我们将迎来命名70周年的庆典时刻。将在10月6日举行的校庆活动，会有一大批校友返回母校，参与并见证这一喜庆的时刻。

2016年10月6日，今天的高三年级全体同学将成为最年轻的校友，希望这个学期你们在教师的指导下，刻苦学习、认真复习，为上海“3+1”高考交出一份圆满的市西答卷，以最优异的高考成绩向70周年校庆献礼；高二年级同学将成为在校最年长的学生，并将成为高考制度改革之后第一届毕业学生，希望你们在这个学期的学校系列教学研究与开放活动中，展现出市西人的精神风貌与学习状态，并顺利转入新学年紧张的高三复习中；而高一年级不仅要在本学期以积极主动的学习寻求全面发展，还将成为校庆期间一系列学生活动的策划者、组织者、参与者或志愿者。

我相信：每位市西学生会因学校的发展而感到自豪，会因在70周年校庆这一年的在校学习而感到荣光。我更相信：所有市西人一定会以实际行动，以最美的姿态，迎接校庆之日的到来。在这校庆之年的开学典礼中，我想与各位同学进一步交流三点想法。

一、志存高远，好学力行

市西中学前身为1870年创建的“尤来旬学校”，1946年，正式命名。首任校长赵传家根据《礼记·中庸》中“好学近乎知，力行近乎仁，知耻近乎勇”的论述，凝练成“好学力行”，用来激励学生“学以致用，将来为人民做些有益的事”，并邀请辛亥革命元老于右任亲笔书写条幅，悬挂校园，作为校训，明示于众。就连校歌中也融入了“好学力行”的阐述：“好学不倦勤攻错，力行不怠贵自强。活泼天真精神饱满，前程奋发永无疆。愿市西同学作中华栋梁，心身家国齐努力，德智体群共增长。”

60多年来，学校在教育理念的确立与教育目标的制定中，总是将“好学力行”的校园文化传统融入特定的时代背景和要求，形成具有时代要求又体现市西特色的教育方向和目标任务，可以说，“好学力行”是市西确立教育理念、目标的根基，是引导学校发展的核心，是学校的文化灵魂和传家之宝，影响熏陶着一批批市西学子。

“好学力行”既是一种目标，反映着对学生的期望和要求，也是一种过程，体现着对学生的教育和培养。在静安教育走向个性化的实践探索中，我们希望每位同学能够认真思考“学与行”，“好学”还是“厌学”，“力行”还是“惰行”，这反映着学习过程与结果的差异，而且“好”与“力”是外在推力（外力）的影响，还是内在驱动（内力）的作用，体现着不同的价值追求。我相信：各位同学一定能够弘扬“好学力行”的文化传统，对自己的学习负责，在内驱动力的激励下，身体力行，积极主动地追求学习与发展，好学不倦，做到乐学、会学、善学、博学。

“愿市西同学作中华栋梁，心身家国齐努力”，这就是希望大家“志存高远”。市西学子应该将自己的人生置于民族复兴和人类进步的时空方位中去思考、去谋划。市西学生的学习目标不应该仅仅局限于考一所好大学，未来有一份体面的工作和优雅的生活，这对市西学生而言，是最低目标，应该也是比较容易达成的目标。我希望市西学子“志存高远”，胸怀天下，承担起民族伟大复兴和人类持续进步的责任与使命。期待着：在每届市西学生中，都能够涌现出一批推动人类进步和社会发展的优秀人才。

二、选择形成责任，规则造就品德

近年来，学校一直强调“选择形成责任，规则造就品德”。三年前的开学典礼，我曾经围绕“选择”和“规则”这两个关键词作了一次诠释，尽管听过的学生都已经毕业了，我这次还是主要对“责任”和“品德”这两个词作些展开。

责任既是一种权利，更是一种义务。权利可以放弃，而义务不能放弃，每个人必须履行。学习是学生的主体责任，所以学习既是学生受教育的一种权利，更是每位学生积极主动追求发展的一种义务，这是学生不可推卸的责任。每位学生必须对自己的学习负责，不断提升自己的能力和素养，逐渐承担起更大、更多自己应该承担的责任，包括对自己、对他人、对社会、对大自然的责任，我认为：这是作为市西人必不可少的基本素养。

品德，即道德品质，也称德性或品性，是个体依据一定的道德行为准则所表现出来的稳固的倾向与特征。品德的实质是道德价值和道德规范在个体身上的内化，是个体社会行为的内部调节机制。因此，学校希望各位同学在尊重规则、学会选择，并且对自己选择负责的持续行为过程中，将正确的道德价值和道德规范逐渐内化为自己稳定的行为倾向与特征，并形成适应社会的内在调节机制。

道德是发展先进文化、构成人类文明的主要内容，道德是以善恶为标准，调节人们之间和个人与社会之间关系的行为规范，道德总是扬善抑恶，依靠人们自觉的内心观念来维持。因此，我希望：市西学生能够始终对身边的人充满善意，追求对社会有所贡献。面向未来，我希望大家：在品德锤炼过程，能够关注和思考“民主”“科学”“自由”“博爱”这些概念与内涵。因时间关系，我今天就谈谈“博爱”。

博爱，指普遍地爱世间所有的人，是对全人类的广泛的关爱，是人与人交流、共存的保障，是世界和平、发展的中心议题。博爱，需要大家以宽广的胸怀去容纳我们共同生活的这个大千世界，明确自己的责任，既要爱自己，也要爱他人，既能把这种爱给予亲人，给予朋友，也能把爱给予不认识的人，甚至是在敌人遇难的时候，也能伸出援助之手。

博爱，既是无私的，又是广大的。爱得博大精深，才是博爱。朋友之间的爱，称为友情；亲人之间的爱，就是亲情；恋人之间的爱，称为爱情。爱情是人生美好而纯真的感情，今天我想与同学们谈谈这个话题：十六七岁、十七八岁的男孩、女孩对异性出现好感，产生朦胧的感情，这些都是正常的，是身体发育、心理发展之后的必然现象，如果没有这种好感，没有这种朦胧的情感，也是值得担忧的。但是，我更想告诉大家：学习是高中学生的中心任务，你必须对自己的学习负责。你可以对异性产生好感，但请你能够控制自己，也请你思考你有足够的时间和精力，在心智都还不够成熟的时候投入这一场爱情之旅吗？因此，今天，我向大家提出明确要求：学校提倡一群男生和一群女生共同参与的集体性活动，反对男生与女生频繁地、长时间的单独相处，禁止男生与女生在任何时候表现出超越同学关系的亲密行为，决不允许男女生发生超越底线的行为。“选择形成责任，规则造就品德”，各位同学，请你一定要认真思考：作为高中学生，你是否具备了对自己行为的结果负责的条件？你具备了为对方负责的能力吗？

三、关于学生培养目标

2014年，学校将培养目标进一步细化为四个方面：“尊重规则会选择，合作包容有爱心，实践创新善质疑，身心健康全人格。”根据今天的阐述，我想再补充一点：“胸怀天下担责任。”关于“尊重规则会选择，合作包容有爱心”，前面已有涉及，接下来简要地谈谈另外两点。

（一）实践创新善质疑

市西中学的社会实践是有传统的，近年来，又新增了一些实践项目，例如寻访身边的市西校友、暑期文化游学、进楼宇看企业、中学生微电影大赛、慈善音乐会等，这些都是广大学生投身于社会和自然，感悟默会知识，获取直接经验的重要途径。希望每位学生能够积极参与，重在实践，实现行为和价值选择的升华。

创新素养的培育应该贯穿于学习过程中，为此，学校创建思维广场、扩建创新实验室、开设微型讲座等，希望大家能够充分运用教育资源，面对真实的问题，开展研究性学习，通过一些问题的提出与解决，促进自己创新素养的培育和高阶思维的发展。

今天，我还想强调“质疑”的重要性，可以说：提出问题的意识，以及问题质量，既反映着对相关知识理解的深度和掌握的程度，也表现了一位学生的思维品质和思维发展水平。以色列的科技水平很高，这与以色列的教育密切相关，例如，以色列的学生家长特别重视孩子在学校“提问题”的情况，学生放学回家，家长经常会问：“今天的学习中，还有疑问吗？”如果没有疑问，就会问：“今天，向老师或同学提问题了吗？”还会进一步追问：“问题的质量怎样？”各位同学，你的家长经常问你这类问题吗？我猜想问得最多的大概是：“今天考试了吗？”“考了几分？”“排第几名？”这就是教育的差异。我认为：提出问题的过程是创新的开始，提出高质量问题的能力是高阶思维发展的基础。因此，希望大家在学习与实践过程中，一定要重视提出问题的意识，勤于思考，善于质疑，不断培养提出高质量问题的能力。

（二）身心健康全人格

市西中学20世纪就提出了“人格+学力”教育，不仅关注学生的学业发展，更关注健康体魄的形成和健全人格的养成。

各位同学，健康第一，我们必须牢固树立这个观念。身体和心理健康是每个人做任何事情、完成任何任务最基础的前提条件，所以，我们一定要重视身心健康，科学合理地配置学习时间，积极参加体育锻炼，学会调控自己的情绪。我想告诉大家：在身心健康面前，“成绩”“分数”都是过眼烟云，我们必须尊重自己的生命，爱惜自己的身心，才可能拥有健康、美好、幸福的人生。

“全人格”就是要培育学生健全的人格，学会如何做人。我希望市西学生在教师的指导下，通过自己的学习与实践，逐渐形成坦诚做事、以诚待人的独立人格和乐于思考、勤于探索的可贵品质，拥有爱己爱人、服务社会的博大情怀和面对困难、勇往直前的人生态度，使自己成为顶天立地、堂堂正正的“大写”的人。

2016年已经到来，相信各位同学一定会“志存高远，好学力行”，践行“选择形成责任，规则造就品德”的理念，在“尊重规则会选择，合作包容有爱心，实践创新善质疑，身心健康全人格，胸怀天下担责任”的目标引领下，以出色的学习与发展迎接70周年校庆。

谢谢大家!

2016年2月18日

改善行为，改变自己

2017学年第一学期开学典礼致辞

各位同学、老师，各位嘉宾：

上午好！

请允许我代表学校向到会的各位嘉宾、校友以及一直以来关心、支持市西发展的社会各界表示最衷心的感谢！并向获奖的同学、老师表示最热烈的祝贺！

今天，我们在这里举行开学典礼，同时举行了奖学金、奖教金的颁奖典礼，还有四位同学和一位校友畅谈了自己的学习、工作和生活，也给全体同学新学年目标的确立，提供了身边的榜样与启示。我想，借开学典礼之际和大家讨论一个话题，那就是今天我要讲的主题“改善行为，改变自己”。

2017年，对于中国来说，是一个具有特殊意义的年份，中国共产党的十九大即将召开，这将为中国深化改革开放注入新的动力和活力。2017年，也是中国面临挑战的一年，国际形势风云变幻。8月28日，侵入中国两个多月的印度军队自动撤回，“不战而屈人之兵”是兵法之上策。这一个历程，展现了当代中国的大国风范和强国威严。而2017年，对于市西中学来说也将是继往开来的一年。伴随着过去五年学校发展规划的圆满完成，我校已经制定了新一轮的五年发展规划，2017学年将是开局之年。我相信，全校师生一定会为新一轮规划目标实现共同努力奋斗。

市西中学具有“志存高远，好学力行”的文化传统，近年来，我们在继承和发展70余年市西办学实践的同时，又践行了一系列的教育理念与教育主张。“选择形成责任，规则造就品德”，已成为全校师生的教育共识；“尊重规则会选择，合作包容有爱心，实践创新善质疑，身心健康全人格，胸怀天下担责任”，成为全校师生的共同目标；“不上课≠不学习，无作业≠不学习”，成为全体学生的行为自觉；“活动就是课程，实践就是学习，经历就是收获”，成为广大学生的学习途径；“不以剥夺学生的自主选择权利，换取所谓的高质量；不以占用学生的独立学习时间，换取所谓的高质量；不以牺牲学生的身体心理健康，换取所谓的高质量”，已经成为市西中学关注“人”的发展的教育价值和教育质量追求。

为此，市西中学推出了一系列教育改革举措，为基础教育的改革与发展贡献了一批教育实践与研究的概念：思维广场、创新实验室、新型学习空间、个性化学习、优势学习与发展、微型讲座、文化游学、寻访校友、进楼宇看企业、免修制度、翻转课堂、数学资优实验班、创新实验孵化中心、学业诊断、个别辅导、微电影大赛、慈善音乐会等，已经成为市西中学每一位师生践行教育理想的舞台。所有这些为中国基础教育的变革与发展提供了鲜活的实践案例，这也正是市西中学作为一所品牌学校的责任与使命。

今天，在全面启动新一轮发展规划的过程中，从2017学年开始，我们进一步提出“改善行为，改变自己”的教育主张，希望全体师生不仅要成为思想的巨人，更要成为行动的巨人，希望每一位市西学子不仅要成为伟大的思考者，更要善于将自己的思想和认知落实到自己的行动中。教育中有一句话“教育无小事，处处见教育”，我想和全体同学说“学习无小事，行为显本色”。为了更好地促进学习行为的进一步改善，进而更好地改变我们每一位同学自己，学校在新的学年推出两项教育管理和评价举措，将从明天开始全力推进。今天的开学典礼，我想概要地介绍这两项举措，同时作为学校推进这两项变革的一次全体动员。

一、全面实施绩点制，改变成绩评定方式

我们学校经过将近三年的酝酿和准备，正式全面推出绩点制。今天我重点介绍今后学科成绩的评定方式，请每位同学引起足够的重视，请全体教师在这个过程中认真地教育和落实。今后所有学科的平时成绩评定由三部分核定。第一，这门学科上课的出勤、迟到和早退情况将纳入平时成绩；第二，作业的迟交、不交情况纳入平时成绩，每次作业上交的截止时间由任课教师确定；第三，上课表现、作业质量和平时练习与测验纳入平时成绩。

各位同学，对于认真学习的学生来说，平时成绩是很容易就能获得满分的，但是，我也要提醒各位同学，平时成绩要全部扣掉，也是非常容易的，如果平时成绩为零分，那么你这门学科很可能不会及格了。所以，学校推出这一项改革举措，就是希望每位同学在学习过程中成为行动的巨人。不迟到、不早退，认真地上好每一课，做到不管上什么课，有病、有事等特殊情况及时请假。为了抓好这件

事情，我昨天已经在教工大会上进行动员，从明天开始，我们全体教师将严格执行记录制度。学校将建立严格的统计汇总、公告监督和申诉更正的制度，确保这一举措的落实。这一件事情将作为市西中学2017学年的一个重要项目来抓，希望我们每一位同学严格地要求、规范自己的学习行为，养成“第一次就把事情做对，每一次都把事情做好”的行为习惯。

二、试行《个性化学习实践与指导手册》

学校将把教师指导学生对自己的学习目标、学习内容、学习时间、学习空间、学习方式等进行记录与反思，作为每一位教师对学生个别化关注的具体工作内容。为此，我们设计了一本《个性化学习实践与指导手册》。从今年高一开始，将全面试行。每位同学要在教师指导下，定期、不定期地对自己的学习目标、内容、方式、时间、空间、过程等进行总结、反思和改进，不断改善自己的学习行为、优化学习过程，促进自己在不断的总结与反思过程中，得到持续的改变和发展。

《个性化学习实践与指导手册》的运用，我们将在9月中旬进行进一步动员，而对于平时成绩的核定和绩点制的实施，今天向全体师生动员之后，将分年级召开家长会，向家长进行介绍、解读和说明。

各位同学、各位老师，2017学年，学校即将推出的教育管理与评价两项举措，关注的是学生的自我发现、自我评价、自我反思和自我改进。我们希望并相信每位同学通过对自己学习过程和学习行为持续不断的计划、总结、反思、改进的循环过程，一定可以改善自己的行为，改进自己的学习，从而改变自己的思想，确立自己的价值选择和行为准则。期待每位同学在这样的学习和改变中，成为更好的自己。

最后，预祝全体同学拥有愉悦充实、幸福美好的，富有成效、学有进步的2017学年。

谢谢大家！

2017年8月31日

规则助力优势学习，健康奠基幸福人生

2017学年第二学期开学典礼致辞

各位同学、老师：

上午好！

今天是2017学年第二学期的开学典礼。祝大家新春快乐，健康幸福！祝各位同学在新的一年学业进步！用中国传统的年龄算法，每个人又长了一岁。这对每位同学来说，意味着成长，标志着又多了一份成熟，也因此应该拥有更多一点独立而理性的思考，更多一些自觉学习的意识。

在这开学之际，我想与各位同学交流两个方面的内容。

第一个方面是上学期学校推出的两项教育变革举措，这学期将持续推进。其中一项是在高一年级各班和高二的部分班级开始试点的《个性化学习实践与指导手册》。这是学校经过两年多的研究，提供的一种具有可操作性的、促进个性化学习实践的指导方式，目的是要引导广大同学通过“计划—实施—总结—反思—改进”这样的持续循环，发现自己的优势和不足，形成并实施不同阶段的学习及其改进策略，更好地实现个性化学习与发展。

还有一项就是围绕绩点制实施开展的学科平时成绩评定方式的变革。我们将学习过程中的行为表现，作为平时成绩评定的重要组成部分。我们倡导市西人不仅要成为思想的巨人，更要成为行动的巨人。《个性化学习实践与指导手册》的实施，为学生的个性化优势学习与发展提供了可能，而这成为现实，需要规范的行为。我们坚持“选择形成责任，规则造就品德”，以规则保障学生的自主选择，促进学生形成责任与品德，实现个性化学习与发展。我们相信在正确理念引领下的教育实践，只要学习行为过程是扎实的，教育与学习的结果一定是可以期待的。市西中学用多年的教育实践，证明了这一理念的可行性。

另一个方面，重点与大家交流本学期推出的两项举措。

第一项举措是学校将试行大、中、小课。

本学期，学校试行大、中、小课，时间分别为1小时、40分钟和32分钟，而且中小课连上会形成70分钟左右的超大课，对广大同学来说是一个全新的课堂学习体验。这是学校通过对时间配置的研究，来优化教学的一项具体措施，在2018年将全面开展探索性实践。

为此，全体教师将进一步深化对课程教学的研究，例如：修订每门学科校本教学实施指南、研究课堂教学不同课型与特征、研究不同课型的适用教学内容、研究教学进度的科学安排、研究不同教学内容合理的教学时间、研究概念形成与习题练习的时间配比，等等，这对每位教师来说是新的探索与挑战。

而对广大同学来说，通过大中小课的设置，要进一步强化对学习时间配置的重视，引导大家逐渐学会合理安排时间，提高科学管理时间的能力。例如：什么学科在怎样的时间学习效率更高，同一学科不同内容在什么时间学习效果更好，不同的学习内容如何交替学习更加有效，某些学习内容持续学习多长时间更有效能……所有这些，每位同学会有不同的学习经历与体验，具有不一样的优势学习时间。

我们就是希望通过大、中、小课的安排，引发大家对学习时间科学配置与安排方面更多的关注，重视时间配置对学习过程和结果的影响、作用与价值，通过研究与实践，更加有效地运用学习时间，科学配置间接经验学习和直接经验取得的时间，使每位学生得到更加全面而富有个性的发展。这是学校推出这一变革举措的初始思考，全体教师将从这个学期开始，深化这方面的研究，使市西学生的学习更有效率、更有价值。

第二项举措是大力推进体育与健康教育。

上海市教委在2017年暑期发文调整高中周课时总量，加速了市西中学实施“大中小课”的实践探索，并直接引发了我校对健康教育的进一步重视。

市西中学在首任校长赵传家1946年提出的“好学力行”的文化传统引领下，长期坚持市教委规定的标准课时，依托课程教学改革，走出了一条“轻负担高质量”的教育实践之路。上学期开始，对于市教委统一要求每周增加的三节课，怎么使用？这给学校提出了新的课题，也给学校提供了深化教育改革的机会。

市西中学具有很好的体育传统，早在20世纪80年代，就被评为“全国体育工作先进集体”。当时的第二任校长陈孟昭明确提出：在社会片面追求升学率的背景下，市西中学“要坚持按教育规律办学，不要做墙头草，根要扎得深”。改革开放40年，市西中学一路走来，面对信息化时代，我们应该怎样回应未来的需要来建构今天的教育？面对智能化时代很多劳动将被机器人替代的未来，今天的教育应该怎么办？这是值得大家深思的问题。今天，我想强调，学校必须进一步突显健康的重要性，推进健康教育工作，将体育、心理等健康教育工作置于与高考同等重要的地位。

刚才四位同学和一位老师的发言，至少两次提到了体育和健康。国际课程班胡晓清同学在美国五个月的学习，让他强烈地感受到健康、健身在人的发展中重要的价值。陶亚云老师则用一位学生的案例，阐述了健康与锻炼对学习与未来发展的深远影响。体育不仅仅是体质的提高，更是一种意志品质的培养过程；健康不仅仅是学习和工作的基础性保障，更是人生幸福的组成部分。所以，学校在上学期已经形成了推进健康教育工作的初步方案，将在本学期初，提交教代会审议通过后正式实施。借今天的开学典礼，就进一步推进体育和健康工作作一次全员动员。近期的主要举措如下：

一、确定最近五年学生体质健康检测指标的提升目标。明确体质健康检测指标分别提升到什么程度，将它作为与高考同等重要的指标进行考核和评价。同学们，高考是一项高利害的选拔性考试，具有相当强的竞争性，由此引发着当前社会对教育的焦虑，然而如果说当今世界是一个合作和竞争的社会，我想告诉大家的是：合作一定是主旋律，在社会上越有文化、越有素养、越有成就的人们，越崇尚合作，崇尚合作的学生更可能有更好的未来。所以我们不仅要重视高考，使得大家能够考进一所理想的大学；我们更要重视健康，使自己拥有一个健康、幸福的一生。

体育是培育学生身心健康的重要途径，而体育的价值和目标不仅仅在于培养学生锻炼的习惯和方法，现代人的一些文明素养也可以在体育中得到体现与培育，例如：规则意识、意志品质、团队合作、合理竞争，等等。因此，在不少地区和学校将升学率作为教师考核的重要指标的今天，我们将从今年开始，把体测健康指标看得与高考一样重要，作为对教师考核、班级评比和学生评价的重要指标，因为健康不仅仅是体质，健康是一种意志，是一种力量，更是一种品质。

二、增加体育、心理、艺术课程的课时。2018年，进一步确保健康教育和活动的时间，高三将从每周四节体育课，过渡到每天一节体育课。高一、高二，每周四节体育课，再加每周一次课后体育锻炼课。心理课每个年级每周一节，艺术课高三从每周一节增加到两节，努力为我们同学健康、幸福而卓越的人生奠基。为什么要这么做？为什么市西可以这样做？因为市西多年的教育实践证明，市西学生不仅活动丰富，而且高考出色。在这样的背景下，健康的人生对每个同学的未来，显得更为重要、更有意义、更有价值。

三、突出两个重点项目。第一个重点项目，我们从上个学期开始举行的男生引体向上月月赛要进一步开展。另一个重点项目，从本学期开始增设女生耐力跑月月赛。也就是男生加强力量，女生强化耐力练习，这是当前学生相对薄弱的两个项目。我相信在通过课程教学改革，学业水平得到充分提高的同时，重视健康教育，这是学校一种更有时代和未来意义的教育价值选择。所以，从2018年开始，我们把健康教育作为学生全面发展的重要任务来重点落实。

各位同学，市西中学多年来坚守教育理想，探索教育规律，实施关注"人"的教育，努力促进学生全面而富有个性的发展。前几天在微信中，我看到了一个小视频，是一位山区的教师给他的学生们编曲演唱的一首歌，它开头部分是清朝袁枚的一首诗《苔》:"白日不到处，青春恰自来。苔花如米小，也学牡丹开。"每个人都有自己的特质，每个人都有独特的未来，每个人通过自己思考、选择并为之努力的未来，都是值得肯定和赞赏的。

同学们，我们不要和其他人去比，要和自己去比，与自己的过去比较，今天是否进步了一点点？对标自己的未来，明天是不是会比今天更好一点点？我理想中的教育就是让每位学生成为更加美好的自己。我衷心地希望，每一位市西学子在学校提出的“尊重规则会选择，合作包容有爱心，实践创新善质疑，身心健康全人格，胸怀天下担责任”的引领下，通过自己的学习、实践与锻炼，成为更好的自己，拥有更加幸福、美好的人生。

谢谢大家！

2018年2月

敬畏规则，合作包容，心怀感恩

2018学年第一学期开学典礼致辞

各位同学、老师，各位嘉宾：

上午好！

今天，我们迎来了2018学年。刚才有四位学生翟一丞、张亦冕、王泽鋆、杨忆澄，两位校友夏婉锦（1960届）、姜淑平（2018届），以及李学明老师，分享了在校园学习与发展的体会、对母校的感念和对人生的回顾与展望，以及从教师的角度对学生未来发展的寄语。这些都呈现了市西中学新的学年、新的追求。今天，同时举行了奖教金、奖学金和荣誉毕业生的颁奖典礼，通过表彰先进、树立榜样，更好地引领学生的发展、教师的发展和学校的发展。

2018年对市西中学来说，是站在更高平台，在更高的起点上寻找更好发展的一年。我想至少有两个标志。

一、市西中学用六年的实践，以“思维‘广场’撬动深度变革，实践‘优势学习’的研究”这一教学成果，获得第二届全国基础教育教学成果评选一等奖。全国只有50项获奖，标志着市西中学的教育改革与实践居于全国领先的地位。这就是市西中学新的发展方位。

二、今天与市西中学高中30个班级坐在一起的，从今年开始出现的第31个班级，那就是由十三四岁数学资优学生组成的，以混龄教学为组织形式的连续培养实验班。这24位同学是市西中学的新生力量，也是市西中学最年少的成员，他们将在市西中学连续学习五年。我们高中30个班级的同学要做好学长，与实验班的同学共同成长与发展。我相信，这也会成为市西中学新一轮发展的重要标志。面对这样一个新起点，市西中学全体师生应该以饱满的精神，基于学校传统和现实来迎接新时代，开创新局面。

昨天召开的教工大会，我们回顾了市西中学历史传统与现实发展，认识到在这几年的十余个教改实验项目取得成效的基础上，我们要做好“十个坚持”，那就是：坚持“好学力行”的文化传统，坚持按照教育规律办学，坚持立德树人的根本任务，坚持学生是学习的主体，坚持优势学习的发展路径，坚持以个别辅导落实个性化学习，坚持突出体育艺术的全面发展，坚持教师的团队合作与发展，坚持以项目实践引领学校发展，坚持市西的教育面向未来社会。

为此，2018学年，我们明确提出四大目标：教改项目的探索与实践，有新创造；学生优势学习与发展，有新亮点；教师研修与专业发展，有新成果；学校管理与质量保障，有新突破。特别是教改项目的探索与实践有新创造，我们在原有的实践项目基础上，明确提出了2018学年的10个重点项目：以课程群建设为重点，进一步完善学校课程体系；以时间配置研究为重点，进一步优化学校时间管理；以网学课堂探索为重点，进一步深化课堂教学研究；以思维广场教学为重点，进一步聚焦高阶思维培育；以数学资优生连续培养为重点，探索优秀学生的培养路径；以免修制度完善为重点，进一步健全学生自觉学习机制；以文化游学实践为重点，进一步拓展面向真实社会的学生活动；以学生个体诊断为重点，进一步建构个别化辅导的育人机制；以体育推进项目为重点，进一步落实体质健康教育；以校友书院建设为重点，进一步整合社会教育资源。

各位同学，2018学年将是市西中学全面实施新一轮办学规划的一年，是我们创造未来实现新发展的一年。我相信，全体教师会带领所有同学寻求更好的优势发展。然而，在新的学期即将到来的这几天，社会上有三件事情刺痛着我，引发着我对教育、对社会进行深入的思考。

第一件事情，浙江乐清的滴滴事件。滴滴顺风车在几个月前发生过非常严重的意外事件，十天前又发生了意外。我在思考企业的价值选择和追求。这让我想起2017年3月，国际企业管理大师彼得·圣吉在上海报告中最后的一个话题，我想分享给全体同学。他说："一个企业没有利润不能生存与发展。"然后他进一步追问："然而，一个伟大的企业仅仅是为了追求更高的利润而存在吗？"这样的追问要呈现给滴滴这样的大型企业。也许不同的人有不同的答案。彼得·圣吉也没有正面回答，他只是追问听报告者："在座的每一个人，氧气对大家很重要。没有氧气我们还能活着吗？其实，企业也一样，没有利润不能长久生存。但是，请问在座的每一位，我们仅仅是为了呼吸更多的氧气而活着吗？"这就是价值选择问题，其实对教育也可以有同样的追问。升学率对一所有品质的学校来说非常重要，没有高升学率，这所学校很难成为品牌学校。但一所真正的品牌学校，仅仅是为了追求更高的升学率而存在吗？因此，我们市西中学促进每一位学生的自主选择和发展，让学生成为更好的自己，进而实现基于学生品格形成、能力提高、素养提升的高升学率，这是市西的价值追求。

第二个事件，四川德阳游泳池里的一个小冲突，最后酿成网络上的大事件，最终使一位女医生走向了极端。我们怎样理性地、富有人文情怀地去思考这一事件？去年我曾经写过一篇小文章，提出了一个观点：基于互联网的大数据就像原子能一样。原子能可以造福人类，例如现在很多电来源于核电站的发电；但是原子能也可以毁灭人类，现在美国、俄罗斯等国家所拥有的核武器足以毁灭地球。所以我想和同学们讨论一个话题，我们需要富有人文情怀的理性思考和判断能力，科学理性地面对网络，让基于互联网的大数据和智能化成为真正造福人类的工具，而不是破坏甚至摧毁人类生命的工具。这需要我们的理性，需要我们的人文情怀，需要包括在座同学的这一代，真正实现和平地利用互联网、大数据和智能化。

第三个事件是发生在江苏昆山的“反杀事件”。2016年4月，“山东辱母案”引发了一次关于正当防卫的热议。这几天发生的昆山事件又使“正当防卫”这个法律话题成为一个社会热点。当年我参加中考的政治考试内容就是“法律常识”，正因为中国在经历了一段特殊的历史时期后，全社会对法制的重视程度大大提升。我们这代人就是在这个法制重建的年代学习成长起来的，这使我对法治有更加深刻的体会。我相信未来的中国一定是一个更加民主、更加法治的国家，中国的民主法治在推进的过程中，有待于在座的每一位同学去坚守、去践行、去完善。

面对这三个社会事件，作为一名教育者，我更多地思考我们的教育怎样来认识并正确面对一些不合理、不规范、与人性相背离的观念与行为，并致力于让社会更加美好的实践。我想，这是作为一所高品质的学校——市西中学，应该持续思考与追求的。为此，基于市西“志存高远，好学力行”的文化传统，在新学期、新学年开始之际，我有三句很简单的寄语，与各位同学和老师共勉。

第一，以敬畏之心，尊重规则。市西中学这几年倡导着一个重要的理念：选择形成责任，规则造就品德。刚才我们荣誉毕业生姜淑平以她三年的感悟解读了“选择形成责任”，我进一步告诉在座的每位同学，选择不仅要负责，还要尊重规则。规则是品德的基本要素，尊重规则、遵守规则，是现代文明人的底线要求。我相信市西的学生从今天开始，从入学的第一天开始，从不迟到、不早退、不缺勤、认真按时完成作业的行为规则开始，成为一个敬畏规则、遵守规则的学生，在未来成为敬畏法律、尊重法律、遵守法律的一代公民。

第二，以善良之心，合作包容。人要向善，人要追求真善美，在这个过程中，包容那些可以包容、应该包容的东西。人难免会犯一些大大小小的错误，对于没触犯法律的错误，我们怎样用一种包容的心态去面对，对于违法犯罪行为，让法律去惩处的同时，我们也应该理性地去面对。任何时候我们都要用包容之心，面对世界、面对他人、包括面对自己。同时，我还要强调的是，有人说这个社会是竞争的社会，我必须告诉市西的每一位学生，这个社会应该是竞争与合作并存的社会，而且合作是主旋律，是现代人的基本素养，是现代文明社会的基本标志，在未来的成长与发展过程中，取得成功的成大事者，一定是一个具有合作情怀的人。

第三，以感恩之心，珍爱拥有。60届夏婉锦校友在刚才，以及在座的62届郑天慧校友在前几年的开学典礼上，都讲过一个观点：滴水之恩要铭记在心，要涌泉相报。这就是我们市西校友的情怀。今年6月23日，市西校友会换届的时候，66届校友从美国专程到学校捐赠100万元，用于校友书院建设与购置图书。明天88届校友聚会，他们要为母校发起捐赠。广大校友都以感恩之心用不同的方式回馈母校。校友回馈母校的方式是多样的，捐赠是一种方式，付出智慧和体力是一种方式，哪怕用心地牵挂、惦记也是一种回馈。所以说，在“好学力行”文化传统熏陶下，市西人都心存感恩地面对母校，面对社会。拥有就是一种美好，每一种酸甜苦辣都会成为你未来人生历程中美好的记忆，得失成败都会支持你继续前行。我们要以感恩之心面对大自然，面对生活，面对亲友同学，面对社会中熟悉与不熟悉的每一个人，珍爱人生中每一种经历和拥有，也许我们的一个微笑就是给世界、给他人一种感恩的回馈。

站在2018年这样一个新学年、新起点上，我期待着市西中学的学生以更强的责任感，更好地去追求理性与人文的融合，志存高远，好学力行，让自己学得更好、发展得更好，让我们这个社会因为自己的美好而更加美好。

谢谢大家！

2018年8月31日

健康，人类最原始的追求

2019学年第二学期开学典礼致辞

各位同学、老师：

上午好！

在经历了一个特别“漫长”的寒假之后，2019学年第二学期的开学典礼终于以一种特殊的“直播”方式在这里举行。2020，庚子年，必将作为一种集体记忆而载入史册，也会成为每一位当代学生此生再也挥不去的回忆。

2020年1月20日，在习近平总书记对这场防疫战作出首次批示的那刻起，我就强烈地感受到了新冠防疫的严峻性。于是，学校从此时开始就作出了一系列的防疫决定：1月20日，为每位教师购买5—10只口罩，并采购洗手液、消毒液等防疫物品；1月21日，摸排湖北及武汉籍教师是否返乡；1月22日，要求全体行政尽可能取消探望父母之外的非必要离沪行程；1月25日，不允许学生和外来人员进校，教师进校需经严格审批……

此后，全体师生以实际行动投入战“疫”的过程中，刚才两位同学和一位教师代表全校师生进行了分享：针对静安作为国际化大都市中心城区的特点，市西一批学生率先为社区担任义务翻译员，支持社区做好外籍人员的防疫工作；在美国旅行的学生黄雅伦则采购了一批口罩带回国内，捐助给杭州的医护人员；1月26日，就有学生倡议在学校中发动捐款，募集了3.6万元通过上海市慈善基金会捐助湖北；2月初又有陈奇飞老师主动倡议全体教师捐款，共募集4.8万元；2010届校友宣妍通过校友会向交大医学院捐赠一批口罩和护目镜；这几天，又有12位教师为了战“疫”而献血……

而更多的教师立足本职岗位，积极投身于“线上教学”的准备工作，备课、制作微视频、直播、个别辅导，市西教师面对不一样的、具有挑战性的劳动，付出了更多的时间和精力，诠释着市西人的“好学力行”的文化传统与价值追求，也因此使得市西的“线上教学”有序地展开。2003年的“非典”没有停学，而2020年的今天，却只能以“线上教学”方式正式开学，在这样的开学典礼上，我有太多的感慨，但今天只想说两个关键词："学习"与"健康"。

一、学习是人类的天性，是学生最自我的事情

学习是人类与生俱来的一种遗传素质，每个人一出生，就开始了探究未知世界的学习之旅。幼儿不需要父母或成年人刻意而为的"教"，就能够学会走路，学会讲话，而且一旦学会了说话，碰到新奇的、不懂的事情，他就会不停地追问："这是什么？""那为什么？""这应该怎样做？""那又该怎么办？"……所有这些问题的提出与解决过程，就是孩子接受新知识、解决新问题的持续学习过程。

今天，与各位同学讨论这一话题，就是告诉每位同学：在"线上教学"这一阶段，学习的效率与效果就是取决于你自己对学习的欲望与追求，取决于你的选择与责任，取决于你自主学习的行为自觉程度。

我在各位同学进入市西的第一次年级大会上，都已经告诫大家：你的学习状况与未来发展的可能，就掌握在你的手上，谁也替代不了你自己的学习，谁也改变不了你对学习的付出程度。

今天，我想进一步告诉大家：其实，对每个人而言，

你对于学习的态度与付出，直接影响着你的人生与未来，你在学习过程中所取得的进展和收获，都是属于你自己的，任何人都无法占有你因学习而取得的进步与发展，所以，从这个角度分析，可以说学习是最自我的事情，决定每个人学习发展水平的是自主安排空余时间的能力，决定每个人未来人生高度的是科学管理闲暇时间的能力。

市西中学具有“好学力行”的文化传统，影响和熏陶了一代代市西人，近年来我们强调“选择形成责任，规则造就品德”，防疫期间的“线上教学”正是展示“好学不倦勤攻错，力行不怠贵自强”这种市西学子学习风貌和精神风采的时候，我相信所有市西学生在“线上教学”中的表现一定是最棒的，我和全体教师正拭目以待！

二、健康是生存的需要，是人类最原始的追求

“健康第一”，这是市西中学一贯坚持的育人目标。在这几年市西中学的自主招生综合测评时，都安排了男生“引体向上”、女生“跳绳”的体育项目，就是以学校的管理行为告诉所有市西人，要牢固树立“健康第一”的理念。

事实上，健康是生存的基本标志，是人类最基础性的

需要，人类从荒蛮时代，就开始寻觅“长生不老”的健康之药，所以，可以说健康是人类最原始的追求之一。

对于生命个体而言，健康包括身体健康和心理健康。在高一新生报到的第一次年级大会和家长会上，我总是会强调：健康对于学生现实与未来发展而言，是最基本、最基础，也是最重要的，离开了身体和心理的健康，这样的人生会是什么样的人生？所以说，健康比成绩比分数重要得多，这种重要性的差异根本不是一个数量级的。

今天，在面对“防疫”的非常时期，根据我们从各种媒体中所采集到的信息，我还想告诉大家：社会的健康，对于国家和人类而言，具有同样重要的地位，同样是国家发展、民族复兴和人类进步中最基本、最基础的要素。我真诚期待市西学子在未来的人生路上，能够始终如一地坚持“健康第一”，不仅追求自己和他人的身心健康，而且能够成为维护和促进社会健康运行的践行者、推动者。

各位同学，新冠疫情对人类而言是一场灾难，在这场灾难来到我们面前的时刻，我们唯有从容应对，为此，以奋战在救死扶伤第一线的医护人员为代表的英雄，正在前方谱写悲壮的篇章，而作为学生在居家阶段的自觉刻苦学习，就是回应这个时代的最好行动，通过学习与修炼，让自己拥有求真、向善、尚美的心灵，守护自己独立的思想与自由的灵魂，使自己在未来的生命历程中更好地服务于自己的健康、他人的健康和社会的健康。

最后，祝全体师生幸福安康，平安度过这一特殊的防疫阶段，并祝全体同学在线上教学阶段通过教师指导和自主学习，学业进步，更好地展现作为市西学子的精神特质。

2020 年 3 月 2 日

聚焦学术性素养培育，促进全面而优势发展

2021学年第一学期开学典礼致辞

各位同学、老师，各位校友代表：

上午好！

经历了两个月的暑假，2021学年终于如大家所愿，准时开学。

这个暑假，新冠疫情防控形势依然严峻，高一年级军训未能如期进行，错失了一次重要的人生历练。而对于疫情持久防控，出现了两种不同的声音，我们如何以科学理性面对这场“论战”，应该是市西学子逐渐认知并建构“敬畏规律、尊重规律、遵循规律”这种科学价值观的学习机会之一。

这个暑假，国家和上海市教育政策频频出台。例如，国家正式出台的“双减”政策，将减轻学生过重学业负担

的主体，从学校拓展至学校之外的培训机构；又如，教育部最新发布的《普通高校本科招生专业选考科目要求指引》，明确理工农林医等专业必须理化“双选”，由此，上海市正式发布从2021级高一年级开始，六选三的等级考试时间全部调整至高三阶段，这可以说是对上海市高校招生制度的又一次重大变革；再如，2021年，上海市高中全面推进“双新”实验，这将对普通高中的改革与发展产生深远的影响……

这是一个变革的时代，有些变革在我们意料之中，而有些变革可能是猝然而至，在眼花缭乱的变革面前，我们有时来不及思考，有时由不得我们思考。我们不是被时代裹挟着前行，就是要主动地去回应这个时代。在这样一个剧烈变化着的时代，作为教育工作者，需要在政策的宏观背景下，寻找坚守教育本原价值，遵循教育规律办学的全新路径；作为学生，需要更加清醒地“看见”自己，坚守“真善美”的价值追求，科学理性地发现自己的需要与发展之路。

在这样的时代背景下，市西怎么办？市西师生应该以怎样的姿态回应这个时代？2021年3月22日，市西中学向社会发布创建学术性高中的五年改革与发展规划，经过广泛研究和项目设计，将在2021学年正式启动，有计划分步骤地推进创建学术性高中的实践项目，努力以学术性素养的培育，促进学生全面而富有个性的优势学习与发展。今天与各位同学重点讨论两个问题。

一、培育学术性素养的主要内涵

市西中学对于学生学术性素养的培育分两个层面：一是面向全体学生，每位同学在高中三年，围绕撰写拓展性论文，展开探究或实践活动，至少经历一次系统的、规范的学术性研究过程，从而初步领会基本的、通识的展开学术性研究的基础知识，培养学术性素养与思维；二是面向优秀学生，为学有余力的学生提前进入某一专业领域的学习，提供包括大学先修课程在内的课程、教学、教师和资源等方面的支持，为某些方面具有学习优势的资优学生的早期发现与培养，提供因人而异的教育方案，为优秀人才的培育奠定基础。

关于学术性素养的概念与内涵，也许，不同专家会给出不一样的界定。针对高中阶段的教育，市西中学在培育学生学术性素养过程中，主要关注以下三个方面：

（一）关注兴趣爱好的培育。兴趣爱好是学术性素养的基本内涵，要把激发学生好奇心，使之保有对未知世界持续探究的欲望，作为培育学生学习兴趣的起点，通过丰富的课程与活动，让学生在积极、主动、广泛的参与中，逐渐发现自己的优势所在，并投入更多的时间和精力展开深入的学习，引导学生在持续学习中，将这种优势转化为学习的兴趣和志趣、爱好和特长，甚至成为自己未来的专业和职业选择方向。

（二）关注意志品质的锤炼。顽强的意志、坚韧不拔的毅力，是一个人取得成功的至关重要的非智力因素，更是学术性素养不可或缺的关键要素。在学术人才的培养与发展中，在智力因素相当的条件下，是否能够在失败中一次次坚强地站起来，坚定地走下去，常常是走向成功的决定性因素。因此，在“双减”的教育背景下，我们要清醒地认识到学习是一场充满挑战，能够让自己变得更加美好、更为强大的人生修炼，学习一定需要艰辛劳动的付出，而这种艰苦的劳动过程，并不一定是痛苦的，对于具有顽强意志、坚韧毅力，并且喜欢学校、热爱学习，对未知充满探究欲望的学生而言，艰苦的劳动却是一种愉悦美好的生命历程，人生会因艰苦的付出更加充实而丰富。

（三）关注社会责任的形成。科学技术新发现、新成果，常常既可以造福人类，也可能损害人类，甚至毁灭人类。例如：原子能可以和平利用，用于发电等造福人类，也可以制造核武器，目前全球制成的原子弹，足以毁灭人类N次；其实，基因技术、人工智能等科学技术都具有这种两重性。所以，掌握前沿科学与高新技术的研究人员，是否具有高度的社会责任感，对于人类和国家都是至关重要的，将直接决定科技成果造福人类还是破坏社会。所以，可以说社会责任感是学术性素养的核心内涵。市西中学一直强调“志存高远，好学力行”，将“胸怀天下担责任”作为学生培养目标和基本要求。今天，在创建学术性高中的进程中，要更加重视对学生世界观、人生观和价值观的教育，引导学生形成强烈的社会责任感和使命感，期待在每一届市西毕业生中，都能够涌现一批推动社会进步与发展的优秀人才。

二、创建学术性高中的初期项目

2021年，是市西中学学术性高中的创建元年，经酝酿与谋划，我们将从9月份开始陆续推进下列五个项目，指向学生学术性素养培育。9月3日，将向全体学生、教师和家长进行全面动员和解读，今天，仅向大家作一概要的介绍。

（一）深化新型教学范式的实践探索

2021学年，高中“双新”实验全面推进，学校将以四个子项目，深化新型教学方式的实践探索，以多种学习方式的融合，促进学生兴趣爱好的形成，指向学术性素养的培育。

1. 基于TeachAI网学平台，以数学和英语学科为主探索，努力建构目标引领下的“反馈评价—释疑深化—合作探究”的课堂教学流程和“课前预学—课中研学—课后巩固”的持续学习策略。

2. 基于思维广场，在语文、英语、政治、历史学科，探索跨学科融合式教学，每次教学以一门学科为主导，多门学科教师根据各自课程标准设计并展开教学。

3. 基于漫思实验室，结合网学平台，在物理、化学、生物、地理学科，探索线上与线下、独立与合作、自主与互动、书中学与做中学等多种学习方式融合的教学范式，更好地支持学生因人而异的学习。

4. 统整艺术、体育与健康等学科，全面关注学生智力因素与非智力因素的融合，尝试探索将这些学科高中三年课程与教学进行一体化设计，学生可以自主选择学习项目内容和时间的教学组织方式，使学习更加灵活，满足学生差异性学习需要。

（二）拓展性论文的撰写

从2021学年开始，每位市西学生将在高中阶段围绕一门学科或跨学科的内容，发现或提出一个问题或主题，根据学术研究的基本规范，经历并体验一个完整的研究过程，完成一篇拓展性论文，直接指向学生学术性素养的培育。

（三）学术探究日和学术节

学校将每周五下午，安排为“学术探究日”。在学术探究日，学习目标是多元的，内容是开放的，时间是自主的，方式是多样的，环境是自由的。广大同学既可以选修课程，也可以在导师指导下开展论文相关研究；既可以参加社团活动，也可以选择听各类讲座；甚至可以走出校园开展实践学习，可以自主安排独立学习。

同时，学校安排每年举行“学术节”，既可以对师生过去一年指向学术性素养培育的各类成果进行总结、交流，同时也为广大师生以及合作学校的分享搭建平台。

（四）强化自主锻炼的作用与功能

学校一贯强调体育对于学生发展的重要作用，将体育精神作为学校文化的核心内涵，推动体育工作。在创建学术性高中过程中，我们更要把体育作为培养学生顽强意志、坚韧毅力的基本途径，希望每位同学以“更快、更高、更强”为目标，在不断挑战并超越自我运动极限的过程中，锤炼自己的意志和品质，并通过体育运动的合作与竞争，实现从自然人向社会人的转变。因此，在多年前建立的体育“月月赛”基础上，2021学年全面展开早锻炼和晚锻炼，每天，男生跑1 000米，女生跑800米，并要求认真做好准备运动和放松运动，以此促进学生意志品质的培养。

（五）完善导师制、学长制，探索社群制

2021学年，学校将进一步完善免修生导师和生涯导师的制度，同时建立拓展性论文导师制度。在学长制前期探索基础上，全面建立和健全学长制，引导广大热心校友以学长身份成为在校学生的导师。

同时，将导师制和学长制，结合学生社团，逐渐衍生或孵化成“社群”，社群是由教师、学生、校友、家长和社会人士构成的，松紧结合的，介于正式组织和非正式组织之间的一种学习组织形态。学校试图通过“社群制”的探索，促进学生在与不同年龄、不同类型人们的学习、交流、分享中，更好地“看见”自己、发现世界，促进学生兴趣爱好的培育和志趣特长的形成，并逐渐建构起对自己、对他人、对国家和社会的责任。

各位同学，2021学年已经正式开启，相信并祝愿大家在“好学力行”的文化精神引领下，在学校创建学术性高中的进程中，在教师和家长的指导和关心下，经过自己刻苦的学习与努力，取得进步与发展，逐渐成为更好的自己，为未来拥有健康、美好、幸福而卓越的人生奠定基础。

2021年8月31日

守护底线做人，热爱学校成才

2021学年第二学期开学典礼致辞

各位同学、老师：

上午好！

今天我们在这里隆重举行2021学年第二学期的开学典礼，今天开学典礼的讲话，是我上学期结束之前主动申请，要与大家讲一次，而且这次讲话，我不预设时间。我有太多的话想说，但今天不一定能够讲完、讲透，更需要我们全体同学认真地去理解我今天说的这些话。我可能会带着感情说，因为我对市西的热爱，因为我对学生的热爱，我希望在我的校长任期里，市西中学能够平稳顺利地更好发展，成为更有自己教育主张和理想的一所学校。我希望我们的学生拥有更好的未来，更加关注人类的命运，而不是在关注小我的圈子里，兜来兜去。我希望市西学子在未来能够真正承担起中华民族第二个一百年奋斗目标实现过程中的责任与使命，不要纠缠在一些鸡毛蒜皮的事情上，尔虞我诈，市西中学不培养精致的利己主义者。最近，我一直在强调：市西中学要把培养德智体美劳全面发展的学生，扎扎实实地体现在日常教育中，而且要特别加强德育。一个品德不好的学生，考进北大、清华有什么用，考进复旦、交大又有什么用，一个品德不好的学生考进北大、清华、复旦、交大，可能对人类危害更大。所以，市西中学首要的任务是培养具有道德感的学生。我今天要认认真真与大家进行一次沟通、讨论与交流。

2021年，对市西中学来说，是具有里程碑意义的一年，在座的各位同学就站在市西中学新一轮发展的里程碑的起点上，具体表现在两点。

第一，2021年10月11日至15日，上海市基教处、督导室、教研室对静安区进行课程教学调研，市西中学作为被重点调研的“点上”学校，我们接受了五天的全面调研，来校的几乎所有的专家对市西中学八年以来的课程教学改革给予了广泛好评与肯定，上海市的反馈报告明确说，上海市市西中学的课程教学改革与发展的成果是显著的，具有突破性、启示性、引领性，他们认为市西中学是上海市课程教学改革面向全国的一个领先性的“窗口”，这是对市西中学八年的高度评价。然而，也是在10月，市西中学被推到了“互联网络”的风口浪尖。每位同学都心里明白，在这件事情中，其实所有的市西人，包括在座的每位学生、所有市西教职工，还有校友和家长，每一位市西人都可能会是受害者。借用一句话，“雪崩的时候，没有一片雪花是无辜的”（No snowflake in an avalanche ever feels responsible），是不是也可以说：“雪崩的时候，没有一片雪花不会受到伤害。”

第二，2021届高考，市西中学取得了优异成绩。多年以来，市西中学比其他同类学校付出更少的教学时间、学习时间，但通过我们科学的、专业的教学，在同类学校中，高考成绩始终处在领先地位。2022届的英语一考又创造了历史新高，120分以上的学生超过三分之二，这个成绩在区属上海市示范性高中是领先的。2021届的高考和2022届的英语一考再次证明，市西中学按照教育规律办学，遵循认知规律育人，一方面以丰富的各类课程和活动促进学生全面发展，促进学生能力与素养的提升，同时确保有非常好的高考成绩，这体现着市西中学先进的教学专业技术，以及充分的专业自信，凝聚着全体教师专业智慧。但是，2021年10月以来，个别学生与学生之间，为了研究性学习等方面所谓的一些成绩而表现出来的行为，让我们非常遗憾和失望，在合作团队中，缺乏必需的相互理解、尊重与包容，而为了所谓的成果造成同学之间极度不愉快，这是市西学生应有的表现吗？还有个别同学为了所谓的一点成绩，在学习和考试中不诚信，甚至作弊的行为，这都是非常令人痛心的。

2021年，对市西中学而言，已经成为历史性的一年，是具有历史研究价值的一年。10年、20年后的校友，可能会将2021年作为校史研究的关键性的一年，包括今天我的讲话有可能也会成为史料之一。学历史的都会说，要以史料作为事实进行研究。这一年充分展示了，市西中学所取得的成绩以及未来发展的可能。同时，也暴露了学校教育中急需改进的一些问题。昨天，学生返校时，学生发展处苏华主任向全体同学提出了具体要求。接下去，我想谈谈这一年要深入开展三项工作：一、爱校教育；二、行为规范的“三项规定”；三、优秀学生示范群体建设。在此重点讲第一、第二点。

一、关于爱校教育

爱校教育要成为开展爱党、爱国、爱人民教育的具体内容、具体路径。很难想象，一个连母校都不热爱的人，如何爱国、爱党？母校这么具象的存在也不热爱，难道可能热爱抽象的国家和政党？所以，爱党、爱国、爱人民教育，应该先要求把自己的母校热爱起来。一个母校也不热爱的人，能指望他爱中华人民共和国？当一个人连国家也不爱，你能奢望他爱人类？这样的人，如果拥有了核武器的技术，会不会造个原子弹把地球炸了？如果掌握了人工智能技术，是不是可能造个机器人，把人类都毁了？所以，德育工作一定要把爱校教育做好。

什么是母校？成年人中间流传着这样一句话，母校是自己可以说怎样怎样不好，可以说这里要改进那里要改进，甚至在校友团体中“骂”母校如此的不堪，但这是发自内心的恨铁不成钢，而且这些可能尖锐的批评，仅限于母校的成员。一旦有其他人说自己母校的不好，校友都会群起而反对之，来证明自己的母校是怎么厉害，怎么伟大。各位同学，你做到了吗？我想追问个别同学：你2021年在网络上的表现是什么？请扪心自问：你热爱学校吗？热爱市西吗？市西是大家的市西，市西的品牌是由几代人共同努力创造的，市西品牌由不得你来破坏，市西的品牌是具有无形价值的存在，这个价值不能允许你来损害，不能因你而打折。我们每个学生，每位老师都要成为市西品牌增值的创造者，你可以享受这种增值，但不允许你破坏这种增值，甚至让她贬值。这是我做校长的责任，所以我今天主动申请要作这个报告。

各位同学，当你毕业成为校友时，你的未来就与母校的品牌紧密联系在一起，例如，如果市西的品牌优质，也许，你在大学毕业找工作时就占据了先机，更多一份机会。各位同学，告诉大家一个事实存在的现象：现在不少单位招聘的时候，不仅看本科、研究生学历，还会看高中是哪里毕业的。你们可以去问问有影响力的企业、机关是怎样筛选应聘者的简历和材料的。我希望同学们珍惜市西的品牌，热爱市西的声誉。其实，这是为每一位市西人着想。对于破坏市西形象的在校学生，一定要采取严厉的批评与教育措施。所以我们制定了“三项规定”。今天我一开始就说，市西中学不培养精致的利己主义者。对于市西的学生，考一所理想的大学，今后有一份相对安逸的工作和优雅的生活，这应该是市西学生的最低目标，市西的学生必须着眼于未来，必须关注人类的命运，必须为中华民族的伟大复兴、为这个社会的进步做点什么，在这个过程中，立足点、起点就是热爱市西。

二、关于“三项规定”

昨天，学校已经向全体学生提出要求了，但是我还是想进一步谈谈学术诚信、同学交往、网络文明，这涉及市西中学学生行为规范的底线要求，以及培养学生“真善美”的逻辑起点和培育路径。我在2019年毕业典礼上曾经讲过《愿你的灵魂给“真善美”留一点空间》，今天我分享给各位同学，因为我在2021年看到学校发展的同时，也看到了个别同学存在的问题，需要加强教育。

（一）以理性的思辨，学做真人

学术诚信的要求很简单，就是要同学们求真。著名教育家陶行知坚持“千教万教教人求真，千学万学学做真人”的教育信念，告诫我们：“真”比一切都重要。希望市西学子在“好学力行”的校训引领下：学真本领，求真知；养真道德，说真话；究真世界，办真事；识真社会，做真人。在繁杂的大自然和浮躁的大社会中，我们只有坚持理性的思辨，“不唯上，不唯书”“追求真理，学做真人”，才能更好地守护发自内心的那份致远的宁静，才能理性地面对这个纷繁复杂的世界。学术诚信、尊重他人的研究成果、考试不违规、不作弊，是以理性的思辨，学做真人的基本要求。

（二）以善良的心灵，守护世界

中国传统崇尚“勿以善小而不为，勿以恶小而为之”，诠释了“善”在社会关系中的行为价值。我无意批判社会现实，然而当我们环顾现实：由不信任而恶化的医闹事件，由小事件发酵的网络暴力，因追求利润而无视的环境恶化，为超越他人而引发的教育焦虑……所有这些，如果共同生活的人们，拥有一颗善良之心，很可能就会如烟云般迅速消散。“人生最珍贵的是什么？”“是善良。”“人为善，福虽未至，祸已远离；人为恶，祸虽未至，福已远离。”善良是一种根植内心的崇高品质，是一种对己、对人的生活态度，善良是一种智慧，一种自信，一种精神，一种文化。希望所有市西学子以善良之心面对周围的一切，善待自己，善待亲人，善待朋友，甚至善待敌人，善待生活中遇见的每一个人、每一件事。面对互联网络，每个人不仅要保持清醒的理性，更需要以善良之心，面对网络中发生的种种人与事，与人为善，理解、尊重和包容每个人，这应该成为市西学子的价值追求，哪怕自己受到不公正待遇时，请记住：有时候“放过他人，其实，就是放过自己”。

（三）以美好的姿态，开创未来

社会发展史，可以说也是一部人类不断追求更加美好的生活的创造史。大自然的伟大力量塑造了许许多多宏观的、微观的美丽，人类的聪明才智创造了丰富多彩文化的、艺术的美好。其实，学习及其催生的教育，其基本的目的和任务就是使每个生命个体拥有更加美好的人生，使我们共同生活的社会更加美好。世界是美好的，生活是美好的，问题在于我们以怎样的姿态去面对世界、面对生活。生活犹如一面镜子，我们以怎样的姿态和心情去面对镜子，生活必将以同样的方式回馈给自己。同学之间的友情，以及青春少年岁月对于异性爱慕之情的萌动，这都是人类的一种美好。但从2021年所发生的事情中，我们看到的肯定不再是美好。为什么要进一步强调高中学生同学交往的基本规范要求？因为高中学生是未成年人，还不具备承担完全行为责任的能力，很简单的一个问题：今天，你具备了为自己的行为向对方负责的能力吗？所以，学校本学期对于同学交往问题提出了严格要求，对超越正常同学关系的亲密行为都要严肃教育、严厉处理。对于突破男女生交往底线的学生，只要不涉嫌违法犯罪，男女生同等处理。我不进一步展开，学生发展处不仅要三令五申，而且要天天敲木鱼、敲警钟。

三、优秀学生示范群体建设

校级学生干部应该是市西中学的学生领袖，要成为德智体美劳全面发展的典范，德育不足以垂范其他同学的，学习成绩有困难的，不适合成为校级学生干部。我们要确立市西中学积极向上的校风、学风、班风，更好地推动学生示范性群体建设。学生发展处要优化考察，开展市西之星的评选活动，进一步确立正确的舆论，树立正气，为我们每一位学生更好的发展提供支持。

各位同学，市西中学以持续推进的课程教学改革，努力满足每一位学生的学习与发展需要，为中国基础教育的改革与发展提供了一系列实践案例。面向未来，我们以创建学术性高中作为学校未来发展的方向、愿景和目标，相信经过我们的共同努力与奋斗，各位同学、各位校友一定会因市西的品牌而更加骄傲，更加自豪。

2022年2月17日

“三个面向”，引领学校发展

2022学年第一学期开学典礼致辞

尊敬的郑天慧校友及郑在彬先生、蒋铁峰校友，各位同学、老师：

上午好！

我们在校园封闭很久之后，特别是对高二同学来说，差不多五个多月没有回到学校的背景下，终于迎来了全校师生的返校复学。今天，在这里举行开学典礼，我有很多话想说，但有些话现在又不能说。2022年的疫情，让所有上海市民多了一份特殊的经历和考验，对在座的每位同学和老师来说，也多了一些沉重的记忆。

既然讲到记忆，今天我就来讲述留在我的脑海中对历史的些许记忆。我是1982年读高中，和今年高一的同学正好相差40年，而对中国来说，1982年是一段令人难忘的历史岁月。我想围绕1982年及其前一年、后一年这三年，谈谈我对历史的记忆。

一、关于1981年的记忆：1981年6月27日，中国共产党第十一届六中全会通过《关于建国以来党的若干历史问题的决议》，对1949年以后30多年党的重大历史问题，作出了历史性的决定。特别是解决了两大问题：第一，彻底否定“文化大革命”；第二，确立毛泽东同志的历史地位，坚持和发展毛泽东思想，准确评价毛泽东同志在中国革命和建设中的历史功绩和严重错误。从此，全面开启了中国改革开放这40年发展的全新征程。

而且，在这一年，中国教育作出重要的决定：从1981年开始，初三学生学习《法律常识》，并将《法律常识》作为中考政治学科考试主体内容。各位同学对一件历史事件可能没有记忆，那就是“文革”期间中华人民共和国国家主席刘少奇同志手持《宪法》，试图以此捍卫自己的人身安全不受侵犯，结果他却在“文革”中被迫害致死。同样经历了这样一段历史的革命前辈，历经“文革”而更加深刻地认识到法治在中国建设与发展中的重要作用和价值，所以，彭真同志在担任全国人大常委会副委员长期间，坚定地推动《宪法》的修订，并推动法制教育纳入初中课程，将《法律常识》作为政治学科必修内容。

二、关于1982的记忆：1982年，中国共产党召开第十二次全国代表大会，这次大会是进入改革开放新时期后，我党召开的第一次全国代表大会，明确提出“把马克思主义的普遍真理同我国的具体实际结合起来，走自己的道路，建设有中国特色的社会主义”。从此，中国改革开放和社会主义现代化建设进入了一个全新的历史时期。

就是在这一年，我党创造性地解决了一个重大问题，那就是为了中华人民共和国的建立，浴血奋战走到新中国的老干部们能够逐渐退出领导岗位，最终废除干部领导职务终身制，逐渐实现干部的革命化、年轻化、知识化和专业化。

三、关于1983年的记忆：1983年，邓小平同志在国庆节为景山学校题词“三个面向”:“教育要面向现代化，面向世界，面向未来。”接下来，我就围绕“三个面向”来谈一些自己的体会。

第一，教育要面向现代化。回顾中国近代史，从魏源或者林则徐放眼看世界开始，中国的一次次现代化进程，在1949年之前，至少三次严重受挫。第一次，从洋务运动到戊戌变法，中国近代走向现代化的进程因变法失败而受挫；第二次，1911年的辛亥革命，因为袁世凯的称帝复辟，中国现代化的进程再次受阻；第三次，从北伐战争开始的国民政府在一个阶段内也努力地推动着中国现代化进程，因日本侵略中国，从九一八事变到卢沟桥的七七事变，十多年的抗日战争，使中国的现代化进程再次受到严重阻碍。新中国成立以来，在中国共产党的领导下，通过改革开放，国家正在走向繁荣富强。所以在建党100周年的时刻，我们很自豪地向全世界宣告，中国“脱贫攻坚战”取得伟大胜利，我国实现全面小康，标志着中华民族伟大复兴的第一个百年奋斗目标已经实现。而第二个百年的目标必将历史地交给在座的各位同学你们这一代，2049年，各位同学正是年富力强，建设国家的时候，我相信未来，相信中国的第二个伟大目标一定能够实现，期待着包括市西同学在内的这一代人为之不懈努力奋斗。

第二，教育要面向世界。中国具有五千年绵延至今的文明，但中国一定是世界的中国，必须在世界的空间方位中寻找中国的发展定位，这是一种现实的理性选择。我在致2022级新生的公开信《因为相信，所以拥有》中讲到：合作与竞争在当今复杂的国际形势下，都是客观存在的，但是我们要相信，合作才是主旋律；对抗没有出路，合作才有未来。就像刚才刘海燕老师所说，市西中学除了拼搏还有一大法宝，那就是市西中学的团队精神，这是我们坚定不移按教育规律办学的一种信念。因为只有合作，才可能有更好的未来，所以我们要很好地包容他人，尊重和包容与自己不同的观点、不同的价值，甚至包容反对自己的人，包括自己的敌人，这是我们走向未来的需要。同时我们要感恩，我一直记得，郑天慧校友在很多场合上说："市西中学对我是泉涌之恩，我只是滴水相报。"各位同学，郑校友他把我们中国的一句老话"滴水之恩，涌泉相报"，修改成"泉涌之恩，滴水相报"，这既是市西校友的精神境界，更是对市西学子的一种教育。我相信：拥有包容和感恩，我们就能更好地面对他人，面对不同组织，从而拥有更多的朋友、更多的合作伙伴，最终更好地面向世界，走向世界。

第三，教育要面向未来。这是从时间方位上的一种阐述，我们要立足当今，面向未来。各位同学，教育是用现有的知识培养未来社会所需要的人才。我们今天每位同学学习的所有知识，在你学习的这个时刻已经成为旧知识。所以不管是教育，还是我们今天的学习，必须以前瞻性的眼光和视野，面向未来展开思考：未来会成为什么样子？

未来会需要什么样的人才？进而思考：我今天该怎样学习？怎样发展？在面向未来的发展过程中，我觉得能力素养，特别是思维的发展，比所学的知识显得更为重要，在信息化时代，所有的知识都已经很容易在网络上找到，所以，今天的我们更需要锻炼自己的能力，发展自己的思维，这样，才能更好地面向未来，走向未来。

在“三个面向”引领下，2021年我们学校提出创建学术性高中的愿景和五年规划，关注学生三个方面学术性素养的培育。

第一，就是蒋铁峰校友刚才讲到的好奇心，对于所有市西学生来说，要始终保有一种持续学习的欲望、不断探究未知世界的精神，让自己成为一个更有趣、更有意思的人。

第二，是坚韧不拔的意志和能力，要有挑战极限的勇气，敢于面对失败的毅力。成功者一定是在一次次的失败中走出来的，所以我们必须学会面对挫折和失败，甚至经历痛苦、考验，坚定地走向成功的信念。我要强调：每位同学某一次考试成绩差一点那又怎样？就像刘老师发言中关于单畅同学的例子，她经历N次失败，但是她有信念，而且持之以恒地努力付出，最终实现了一个近期的小目标。

可以说，每一个同学，你是否具有坚韧不拔的意志和毅力，将决定你未来成功与否、成就大小。

第三，是社会责任感。市西培养的学生一定是有社会责任感的人，心中有大我，而不是小我；心中有国家，而不是精致的利己主义者；心中有人类的未来，而不是只顾眼前的功利主义者。这才是市西的价值追求和培养目标。

围绕这样一些学术性素养的培育，市西中学推出了一系列的改革举措。比如课堂教学改革，我们2012年启动的思维广场，2016年启动的TeachAI平台，2019年启动的漫思实验室，这些改革项目最核心的价值是培养学生的自主学习意识和学习能力，培育学生的高阶思维。大家看一下，思维广场命名就叫“思维”，漫思实验室期待大家“漫无边际”地思考，TeachAI平台则在课堂中更加关注思维的发展。今天，我们在高一年级启动技术融入教学的改革项目，将更好地面向未来，更加聚焦学生思维能力的培育发展。同时，从去年开始的四个项目，我们将持续推进。

第一，拓展性论文。每一名高中学生在市西期间将完成一篇拓展性论文，全过程体验学术研究。

第二，学术探究日。我们在每周五下午将原来的选修课、社团、讲座、创新实验室课程等活动整合在一起，鼓励广大同学更好地学习、探究、实践。

第三，早晚锻炼。每天男生1 000米，女生800米。各位同学：我今天特别要强调为什么要早晚锻炼，这是在体质体能锻炼的基础上，一种意志品质的培养过程，而且，体育精神是学校文化精神的核心内涵之一，放眼国际上优秀的品牌大学和中学，一定有体育传统项目，这就是体育的价值。

第四，举办学术节，由于疫情的原因，首届学术节将在11月底12月初举行。

各位同学，邓小平1983年提出的“教育要面向现代化，面向世界，面向未来”，为我们指明了未来学习和发展的方向。所以我真心地期待市西的学生在未来发展中，能够涌现一批推动社会进步的优秀人才，这是市西人的教育信念和价值追求。

各位同学、各位老师，一代人有一代人独特的经历，一代人也有一代人特殊的幸运。今天的学生正处在世界百年大变局中，相信你们，只要相信未来，一定会拥有未来。期待大家：相信自己，拥有自我；相信他人，拥有团队；

相信科学，拥有智慧。期待着市西中学的所有学生，因为相信自己，拥有更加美好灿烂的未来和人生。

谢谢大家！

2022年8月31日

四

纪念文章及活动致辞

我心目中的市西及学生追求

2012年全校学生大会致辞

各位同学、老师：

大家好！

今天，是全校学生本学期的第一次集会，也是我到市西中学工作以来，第一次向全体学生作报告。两周之前，我刚刚调任市西，没有在开学典礼上讲话，因为我对市西的学生完全不了解。这两个星期，我努力通过不同途径，尽可能多地了解市西，今天终于可以与大家作一次分享交流，谈谈我对市西的理解，谈谈我心目中市西的过去、现在与未来，更想谈我对市西学生的期许及未来的畅想。我想主要讲两个方面。

一、市西的传统与未来

市西中学的历史可以追溯到1870年创建的“尤来旬学校”，几经变迁，教育文脉延续不断。1946年，学校被正式命名为市西中学，由留美硕士赵传家先生担任校长，1953年，被命名为首批上海市重点中学，2004年成为首批上海市实验性示范性高中。60多年来，在赵传家、陈孟昭、孙志文、杨安澜和顾正卿五任校长带领的团队共同努力下，市西中学成为上海市，乃至全国具有影响力的品牌学校，培养了一批批各行各业的优秀人才。

1946年，首任校长赵传家先生（任期1946—1974年），根据《礼记·中庸》中的“好学近乎知，力行近乎仁，知耻近乎勇”，凝练成“好学力行”校训，并在1947年创作的校歌中进一步阐述，影响和熏陶了一代代市西人，逐渐内化为市西人共同的价值追求和行为准则，成为市西的一种文化标识。

第二任校长陈孟昭先生（任期1978—1985年），对历经“文革”动荡的学校，通过拨乱反正迅速恢复教育秩序，80年代初就大力推进“第二课堂”建设，创建30多个学生社团，一大批学生脱颖而出，在数学等学科竞赛中屡获佳绩，甚至在当年就组织学生参加美国数学竞赛。第三任校长孙志文先生（任期1987—1989年），延续了80年代的课堂教学改革，并参加了联合国教科文组织的关于环境问题的课程研究。

第四任校长杨安澜先生（任期1989—2001年），不仅重视课程教学改革，而且，强调德育在学生发展中的首要地位，先后开发了见习居委主任、扫大街、南京考察等社会实践课程，创造性地开展研究性学习，提出并践行“人格+学力”的教育，为此，曾在学校举行全国德育工作现场会，这些实践成果都延续至今。

第五任校长顾正卿先生（任期2001—2012年），大力弘扬市西文化传统，全力推进学校课程教学改革，全程参与上海市第二期课程教材改革实验、高中学生创新素养培育和课程领导力项目，提出并建设了一批创新实验室，为学生创新素养和实践能力的培养提供了环境和资源保障。

站在学校发展的高位平台上，学校未来发展的重任已经传递到我们这代人身上。今天，市西的全体教师将以怎样的姿态、怎样的实践、怎样的探索，为广大学生的更好发展，提供更加优质的教育支持，实现学校内涵的持续发展，这是我和全体师生必须一起回应的时代命题。所以，我想谈谈关于市西未来目标和任务的初步思考。

市西中学历时四年的改扩建工程即将竣工，静安区委、区政府以及静安人民对学校的新一轮发展寄予厚望。教育局陈宇卿局长多次指出：市西中学应该发动关注学生个性化学习与发展，具有更大普适性的教学改革，应该有勇气通过教改实践，贡献具有创新性的教育概念，引领上海市，乃至全国的基础教育改革，打造上海市最重要、最具活力的学校之一。

根据教育局对市西中学的发展定位，我们需要全面调研，精心谋划，确定学校新一轮发展的愿景和目标。在这一过程中，我认为至少应该从四个方面入手。

一是致力于学校课程与教学改革：满足每一位学生个性化发展的需要，提供更加丰富的课程，为学生提供具有充分选择的学习内容；满足学生个别化学习的要求，提供更加多样的学习途径，为学生提供更多选择的学习方式；满足学生向社会化转变的要求，提供更加多元的社会实践，为学生提供面向社会真实问题的可能。

二是致力于教育实践的前沿性探索：关注脑科学的最新研究成果，积极探索并运用认知规律；关注学习科学的相关成果，运用于对学生个别化学习的指导；关注教学专业技术的标准化研究，注重教育学、心理学在教学专业技术的研究与应用。

三是致力于学校团队的进一步凝聚：弘扬“好学力行”文化传统，使之成为全校师生共同的价值追求与行为准则；搭建实践和研究平台，为不同层次教师的发展提供展示的平台；建立教师分层分类培养梯队，有计划重点培育高端教师，形成在上海有广泛影响力的名师团队。

四是致力于教育资源的全面整合：抓住初中与高中共享校园的契机，开展基于初高中衔接的连续培养的探索性研究，以家长委员会功能的深化和拓展，使家长和学校成为目标一致的教育合作体；整合社会、社区和校友等教育资源，为学生的社会实践和研究性学习提供有力保障。

二、我心目中的学生模样

高中阶段应该是人生中一段最美好、最令人向往，也是最容易让人难忘和怀念的岁月。高中校园应该充满歌声、笑声、欢呼声，应该是富有朝气和活力的。高中学生更应该是满怀对未来的憧憬和希望，心中充满灿烂和阳光，微笑着面对身边所有的人和事的。因此，今天我想与各位同学讨论“四个学会”。

（一）学会参与

参与是走向成功的第一步。没有参与，就不可能取得成功。机会总是属于积极的参与者，任何人如果没有参与，就没有任何理由抱怨自己没有机会。

社会总是处在运动变化的过程中，正是因为这样的运动，社会就会出现一些“空档”，对人而言，就会出现机会。例如：足球比赛双方，每位上场队员都有自己的位置，都有自己的攻防责任，很多时刻，双方都是攻防严密，似乎都没有攻破对方大门的机会。然而，足球比赛中，运动员不是静止的，都是在积极地跑动过程中，而对其他人跑动的判断和跑动速度的差异，必定导致出现“空档”，所以，足球比赛就会出现“破门”的机会。其实，社会也是这样。

我们要学会参与，机会总是赐予积极的参与者。在学习中也是一样，我们必须通过参与，才能判断课程和活动是不是适合自己，自己是不是感兴趣，是不是需要投入更多的时间和精力。请同学们记住：没有参与，就没有成功。

（二）学会自信

从学习角度说，我们所有同学完全有理由自信，不仅因为市西学生本身都是优秀的，而且市西中学在促进学生的发展方面，也是具有文化传统的品牌学校，这些都是我们自信的底气。

当然，在学习中也不能盲目自信，例如：高中学习与初中学习有很大的区别，不要简单地沿用你自己认为初中时有效的学习方法，其实这些方法可能并不适用高中学习，盲目自信地运用初中的方法，有可能对你的学习产生负面影响。

今天，我更想告诉各位同学的是：在人生路上，自信是走向成功的基石。我们要有面对挫折和失败的勇气，要有从失败中站起来、走出来的信念。“失败是成功之母”，失败者可能只经历了一次失败，趴下了，再也没有站起来，而成功者很可能经历了成千上万次的失败和挫折，只是面对这些失败，一次次坚强地站起来，终于走向了成功。

所以，希望同学们自信地直面学习、工作和生活中的挫折与失败，以自己的行为与付出努力前行，走向美好的明天。

（三）学会选择

什么是选择？选择，就是意味着必须主动放弃一些可能看上去对你来说有一定价值或者不错的东西，或者是意味着必须被动接受可能对你不利的状况或局面。所以说，对每个人而言，“选择”常常是痛苦的，因为你必须放弃“好”或者接受“不好”。

其实，人生充满了太多的不确定性，总是需要我们作出这样或那样的选择。因此，选择能力对于每个人的学习与发展至关重要，人就是在选择过程中，不断走向成熟。

高中阶段，我们应该在教师的指导下，面对自己的课程学习和各类活动，在参与实践过程中，逐渐学会选择，学会放弃一些什么或接受一些什么，在接受或放弃中，逐渐形成自己选择的价值标准和行为准则，比如：自己的兴趣爱好，对他人的关爱与付出，对社会的责任与使命，等等。

（四）学会包容

也许，包容是当前中国社会特别需要的。例如：我们崇尚民主，但是民主的过程常常需要不同意见的交流、讨论，甚至是针锋相对的辩论或争论的过程。这样的过程就需要对不同意见的尊重与包容。特别是，通过民主的程序作出的决定与自己的观点不一致时，应该尊重和包容这一决定，并且，自己也必须认真执行。

学会包容，还需要尊重和包容不同的观点、不同的价值选择。只要这些观点和价值判断不违背社会基本行为准则，不侵犯他人的利益，不违反法律和道德要求，就要以包容的心态允许它们的存在，接受它们的存在。这可以说是现代人最基本的文明素养之一。

所以，我希望大家学会包容，从现在做起，从包容同学、包容身边熟悉的人做起，进而对于所有人（包括自己不认识的人，甚至包括反对自己的人）的不同观点和价值选择，给予充分的理解、尊重和包容。

各位同学，今天，向大家分享了两个星期以来我对市西中学历史和现实的了解，以及对学校未来发展的初步思考，也对同学们提出了“学会参与、学会自信、学会选择、学会包容”的希望。我相信：在全体教师的共同努力下，通过全体学生的刻苦学习与实践，广大同学一定会得到更加全面而富有个性的发展，市西中学一定会拥有更加辉煌的明天。

谢谢大家！

2012年2月20日

少年立志，一生践行

2016级人生心愿封存仪式致辞

各位同学、老师、家长代表：

下午好！

今天，我们在这里隆重举行“相约三十年后再相聚——2016级高一年级人生心愿封存仪式”，我与各位老师、家长代表一起，共同见证这一庄严的时刻，希望每位同学一生铭记这一时刻，铭记封存在母校的人生心愿。

各位同学，从2012学年的高一年级起，学校开始系统思考和设计新生入学教育活动。例如：编印《新生手册》，随录取通知书一起寄发，向同学们以文字的形式全面介绍学校的课程与教学、教师与资源、规范与要求，等等，帮助大家了解市西的历史传统与发展现实。同时，作为校长，我也会给高一新生写一封公开信，今年的主题是“读书与行走，生命的一种姿态”，试图通过解读市西文化传统与价值追求，引导大家在踏入市西大门的第一时刻，就开始思考学习、规划人生、畅想未来。而且，我在《新生手册》中给各位同学布置了两份暑期作业，分别是“寻访身边的市西校友”和“制订人生规划”。

“寻访校友”是每位学生的一次社会实践活动，不仅要“寻”，需要从众多的校友中选择自己更想采访的对象，而且要“访”，需要联系、邀请并预约时间，需要量身定制、编制采访提纲，还要做好文字、摄影、录音和摄像等形式的记录，然后整理成文。开学之后，已经由每个班级进行交流，今天全年级进行了大会分享，是每位同学面向社会的一次实践锻炼。学校设计这项活动，还有更重要的目的，那就是希望广大同学从被采访的校友身上，感知作为市西人的行为特征，对市西学校文化的传统特质，产生直观认知，引发大家思考：市西是一所什么样的学校？作为市西人应该有怎样的目标和追求？为了这样的目标，高中三年应该怎样度过？……

每位同学在寻访校友、深入思考的基础上，撰写了第一份人生规划。每个班级组织分享与交流，每位同学在班主任指导下，与家长进行讨论，听取任课教师的意见，修改、调整和完善的人生规划，基本确立了自己的人生目标。然后，大家将人生规划和目标提炼成几句话，作为自己的人生心愿。今天，在人生心愿封存仪式上，在这庄严时刻，我想向各位同学提一些希望和建议。

一、少年立志：志存高远

16岁，正值青春少年。“少年智则国智，少年富则国富，少年强则国强……少年雄于地球则国雄于地球。”少年维系着民族的复兴、人类的命运。人，要有理想，有追求，人生不能没有理想和目标，少年更要有远大的志向。而且，人生的理想不能局限于个体的目标，必须将个体的目标置于国家和人类的宏大视野中，把个人价值的实现与社会价值的最大化实现结合起来。

我希望：市西学子要志存高远，不要将自己目标限定在考一所好大学，今后有一份体面的工作和安逸的生活，而是要思考自己能够为他人、为社会、为人类的未来做些什么。

我相信：你的心有多大，你的舞台就有多大；你的梦想有多远，你的未来就有多远。

我期待：在座的同学中能够涌现一批能够推动人类进步和社会发展的优秀人才。

二、一生践行：好学力行

所有的理想，都需要通过艰苦的付出，才可能抵达。所有的目标，都需要通过艰苦的劳动，才可能实现。

各位同学，今天，你的人生心愿已经封存，那就要开始思考，以怎样的努力去实现目标。作为市西学子，我希望大家以实际行动一生践行“好学力行”的校训，从现在开始，对自己的学习负责，对自己的人生负责，对自己的未来负责，身体力行，让学习内化为自己的一种习惯，成为自己的一种生活方式。

我期待：每位同学在追逐自己的理想过程中，以仰望星空的博大胸怀，与大自然对话，以脚踏实地的实践探究，与自己对话，为自己目标的实现，孜孜以求。请记住：在自己不畏险阻，坚定地追逐自己梦想的过程中，只要努力了、奋斗了、付出了，即使跌倒了，姿态也非常豪迈。

各位同学，人生心愿是一种理想，一种目标，更是人生的信念，一生的追求。还有一点，我也必须告诉大家：

今天封存的人生心愿，只是追寻人生理想与目标的起点，未来具有太多的不确定性，人生的理想和目标不一定一成不变，不能改变，关键是要学会思考，学会选择。在你人生的历程中，很大概率会出现这样那样的改变，我希望：当改变可能发生时，每一次改变都是经过自己科学分析、理性思辨作出的独立判断与选择。

同学们，2016年是市西中学命名70周年的庆典之年，作为2016级的同学因此而多了一份荣光。70年以来，是市西广大校友以自己的行动践行了“志存高远，好学力行”，铸就了“海纳百川的历史渊源，兼容并包的教育情怀，好学力行的文化传统，敢为人先的教改探索、追求卓越的执着信念”的“海派”教育特质，为在座的各位同学指明了前进的方向，确立了远大的目标。我期待并相信：2016级的全体同学，一定会在市西这片教育沃土上茁壮成长，期待着大家在推动民族复兴和社会进步的过程中，实现自己的理想和目标，成就更加美好的自己，让我们在30年之后的2046年，共同见证启封人生心愿的激动时刻。

谢谢大家！

2016年9月12日

热爱劳动，尊重劳动

在“劳模进市西”项目启动仪式上的讲话

各位劳模、领导、嘉宾，各位同学、老师：

下午好！

首先请允许我代表学校向劳模协会组织劳模，走进校园，在市西中学举行“劳模进校园”项目启动仪式，表示最热烈的欢迎和最衷心的感谢！这一活动是在我校离休干部葛十朋老师的联络和协调下筹划的。葛老师年近九旬，从20世纪50年代部队转业到市西工作直至退休，六十余年如一日，到现在还在关注着市西的发展，关注着教育和学生的未来。一代代这样的优秀教师，创造了市西的过去和现在，并开创着市西的未来。让我们用最热烈的掌声向以葛老师为代表的市西教师表示衷心的感谢和崇高的敬意。

每个时代的劳模，都是这个时代的精神符号和力量化身。时代在变，劳模被赋予着更多的时代内涵和元素。然而，劳模的核心价值始终没有改变，那就是：一种爱岗敬业、争创一流，艰苦奋斗、勇于创新，淡泊名利、甘于奉献的精神；一种对职业、对社会、对国家的道德感、责任感和使命感。今天，来到市西会场的十多位劳模，是中国众多劳动模范的代表，他们以行动和业绩从不同角度诠释着这些精神的价值。劳模走进市西校园，走近市西学生，我相信，每位市西学子会从劳模身上，感受到那种坚定与责任、务实与创新、淡泊与奉献等的时代精神，并逐渐将其内化为自己的价值准则和行为选择，体现在持续的学习、工作和生活中。

各位同学，借今天的会议，我想与大家讨论两个问题。

其一是“热爱劳动”。社会发展史表明：“劳动创造了人类”，劳动是使猿进化为人类的决定性力量，也应该是人类智慧区别于其他动物智慧的根本表现。数字技术的发展，使智能机器人越来越多地替代人类劳动，为此我们必须清晰地认识到劳动对于人类进化、生存和发展，曾经和正在产生的重要作用，每个人都应该热爱劳动，将劳动作为自己本能而自觉的行为选择。也许某一天，劳动会真正成为人类的第一需要，成为衡量人类生活质量的最重要的指标：也许，那时的人们，参与劳动的时间越长，生活品质越高。

其二是“尊重劳动”。人类所从事的每一种劳动，都是值得尊重的，劳动的差异性是人类社会分工的具体表现，这恰恰是社会进步的标志，凝结在每一种具体劳动产品中的无差别的人类劳动，创造着人类的价值。今天，中国教育之所以成为社会的集体焦虑，一个核心的原因在于，中国社会对于不同种类的具体劳动，是否具有无差别的尊重问题。人，生而不同，每个人在社会上都应该有适合自己的位置，有适合自己的劳动类型，每一种工作都是值得尊重的，如果一个人在自己岗位上爱岗敬业、艰苦奋斗、务实创新、甘于奉献，更是值得赞赏和学习的。中国社会如果拥有对于每一种劳动无差别的尊重，中国教育的集体焦虑一定会大大缓解。所以，解决学生学业负担过重等教育问题，必须充分考虑中国社会对劳动的价值选择与判断，让尊重每一种劳动，成为全社会的共识。

今天，“劳模进市西”系列活动正式启动，我相信在与劳模的近距离接触与交流中，市西学子会对劳模精神拥有更多的体验和感悟，将热爱劳动，尊重无差别的人类劳动逐渐内化为自己的价值准则和行为选择。

最后，再次感谢各位劳模、领导和嘉宾。相信市西学生一定会在“劳模进校园”活动中获得更多收益。

2017年3月13日

“海派”市西，续写辉煌

市西中学命名70周年庆典欢迎致辞

尊敬的各位嘉宾、校友、老师和同学：

上午好！

今天，上海市市西中学迎来了命名70周年的校友返校日，我们在学校篮球馆举行隆重而简朴的庆典活动，请允许我代表全校师生对各位嘉宾和校友的到来，表示最热烈的欢迎！并借此机会，向关心和支持市西中学发展的社会各界表示最衷心的感谢！并向为市西发展曾经、现在、将来付出智慧和辛劳的全体教职员工和广大校友表示最衷心的感谢！

市西中学是一所富有文化传统和积淀的学校，堪称“海派”教育的典型代表。今天我站在这个舞台上，既感压力，更感自豪。我的普通话不标准，属于语言智能低下的人，但回顾我的学习和工作经历，与市西特别有缘分，我的初中英语教师邬显承是市西68届高中毕业的。当年，我们只知道他是上海知青，没有接受过正规的师范和英语专业的训练，他教我们初二、初三两年英语，为语言智能低下的我英语取得中考和高考高分打下了很好的基础。邬老师凭着高中的基础，教出一批英语比我优秀得多的学生，他也最终成为中学英语高级教师，这也从一个特殊的角度反映出市西中学“中西融汇，好学力行”的教育传统。请允许我向我的老师，向市西表示衷心感谢，并衷心感谢在我的成长历程中，给予我关心、支持、指导和包容的所有人。我与市西的第二次结缘是在1987年，当年我与华东师大数学系的16位同学一起，给市西中学“第二课堂”的数学竞赛班上课，我们分成四组分别负责初一、初二和高一、高二的数学竞赛辅导，每周一次，这也是我第一次真正意义上给学生上课，尽管，今天我不能确信，30年前的学生是否还记得有这样一群大学生，然而这样的经历却反映着当年市西的课程教学改革，在促进学生全面发展过程中，对课程选择性的关注。20世纪90年代以来，在杨安澜和顾正卿两位校长带领下的教师团队，更是为上海基础教育提供了许多首创性的改革和经验，例如：见习居委主任、扫大街、研究性学习、人格+学力的研究、创新实验室的建设、学校文化传承，等等。

回望过去，市西是一所具有历史厚重感的学校。这种厚重感，可以在市西“海纳百川”的历史渊源中追寻，可以在赵传家校长提出的“好学力行”文化传统中感悟，可以在历任校长“敢为人先”的创新实践中体验。

审视现实，市西是一所具有时代影响力的学校。2012年，在区委区政府投入巨资的市西改扩建工程竣工之后，学校坚持以课程教学改革引领学校内涵的持续发展，坚持“立德树人，教书育人”这一教育根本任务，践行“选择形成责任，规则造就品德”的育人理念，强调“不上课≠不学习，无作业≠不学习”，通过激发学生内在的学习动机，促进学生全面而富有个性的发展。近年来，学校推出了思维广场、文化游学、微型讲座等一系列教改项目，在全市乃至全国产生了广泛的影响。2016年，围绕命名70周年，学校开始了一系列的学术交流活动，包括3月份“走向个性化——提升学生人文素养”和5月份“走向个性化——提升学生科学素养”的课堂教学展示与主题论坛，以及9月份“学校教育领导与个性化学习”的中外教育高峰论坛和市西教育思想研讨会暨《空间引发的学习变革》首发式，这是近年来市西中学课程教学改革成果面向全市、全国的一次全面展示，在基础教育界产生了很大的影响。

市西的历史和现实，铸就了市西中学“海纳百川的历史渊源，兼容并包的教育情怀，好学力行的文化传统，敢为人先的教改探索，追求卓越的执着信念”的“海派”文化特质，市西堪称“海派”教育的杰出代表之一。

展望未来，市西更是一所充满教育创造力的学校。市西全体教职员工正以饱满的精神，围绕将学生培养成“尊重规则会选择，合作包容有爱心，实践创新善质疑，身心健康全人格，胸怀天下担责任”的目标，致力于课程教学改革的持续深化。同时，学校将进一步拓展校友会工作的思路和内容，探索建立每年10月6日以入学或毕业年份逢“整十”的校友为重点对象的常态化“校友返校日”庆典活动，并在未来将该活动与今后“高一学生的人生心愿封存仪式和30年后校友的人生心愿启封仪式”对接；探索建立以校友相同的工作性质和类型为对象划分的专业性校友分会等，以更好地凝聚校友、服务校友，为广大校友更好地回馈母校和社会搭建平台。

各位嘉宾、各位校友，市西是市西人共同的市西，是所有市西人共同的精神家园。因此，市西的校友返校日是市西在校师生和全体校友的共同的文化节日，在校师生和校友都是校友返校日的共同主人，在今后的校友返校日中，我们继续采用在市西老家和校园网上公告的形式，诚邀各位校友返校活动，欢迎校友常回家看看。最后，在市西命名70周年的欢庆时刻，我们期待并充分相信：在社会各界的支持下，市西人一定会志存高远，好学力行，大力弘扬市西优良文化传统，以丰富的创造力和扎实的行动力，健步“从优秀走向卓越”，续写市西新的世纪辉煌。

2016年10月6日

无私的理想追求，有为的教育奉献

陈孟昭校长是市西中学命名之后的第二任校长，任期始于1977年。在陈校长的领导下，我们市西中学在70年代末80年代前期，这样一个拨乱反正时期，面对社会片面追求升学率的潮流，明确提出教育目标应是全面提高学生素质，使之成为品学兼优、知能俱全的人才。要求为求知而学，为成材而学。1980年，陈校长在全国重点中学会议上介绍了市西经验；1984年，又推进了初中课程改革，并发表了一系列文章；1986年，陈校长被评为全国教育系统劳动模范。

今天，我们怀着沉痛的心情，追忆陈孟昭校长在市西中学的一些工作历程，让我们一起铭记她为市西发展所作出的贡献，为学生和教育事业的发展所作出的贡献。

一、拨乱反正，重建教学秩序

1977年，“文革”结束之后，为了适应新形势下发展基础教育的需要，加强对学校的领导，静安区委、区政府与区教育局陆续任命了市西中学新的党政领导班子。1977年8月，静安区委任命陈孟昭同志为市西中学党支部书记，1978年1月底，又任命陈孟昭为市西中学校长。

在陈校长任职初期，平反冤假错案，解决历史遗留问题，落实知识分子政策，是拨乱反正的重要工作。在陈校长领导下，学校通过反复学习中央关于平反的文件，深入领会精神，严格按中央要求做好平反工作。

陈校长组织专人对我校在“文革”中受到“审查”“处理”的同志和其他提出申诉的同志逐一进行复查。整个复查工作，历时七年，先后有41位同志得到了政策落实。陈校长认真对待每一位同志的申诉意见，认真执行政策，做好善后工作，得到了全校教工的赞扬，特别是深得被复查同志的认可。

抄家物资处理工作，是拨乱反正、落实政策的又一重要工作。在此期间，全部落实结案105户，查无此人1户，尚待落实4户。

所有这些为教育战线拨乱反正奠定了基础。与此同时，陈校长积极地推进教育秩序的重建，提高教育质量。

1978年4月，学校健全了校级和中层领导班子，选举产生了新一届市西中学工会委员会；健全了教师的各项活动，包括教研组活动、年级组活动和工会小组民主生活等；选举产生了校团委、校学生会、少先队大队部等学生组织。

学校重建规章制度，提出规范要求，做到有章可循，有法可依，保障了学校教学秩序的恢复和重建。

陈校长相信教师，依靠教师，充分调动广大教师的积极性。取消了教师的坐班制，重视教师的业务进修，提高教师业务水平。依靠工会组织发动后勤人员，做好为教学第一线服务的工作。

陈校长坚持民主、深入、踏实、认真的工作作风。每周一次行政会议，校长不搞一言堂，建立了职工代表大会制度，全面落实三个“抓紧”，即抓紧计划和制度的制定与落实、抓紧实施过程中的分析与研究、抓紧结尾阶段的经验总结与先进表彰，从而有力地促进了学校办学质量的提升和发展，学校获评“上海市教育战线先进单位”。

二、全面贯彻教育方针，按教育规律办学

“文革”结束，百废俱兴。当时，基础教育的客观现实与现代化建设对教育的需求形成了一定的矛盾。在这样的形势下，考生与家长把考试看成改变命运的唯一途径，社会也普遍地把升学率的高低视作评价学校好坏的唯一标准，再加上不少其他因素聚焦到学校头上，不少学校的领导顶不住这些压力，也就出现了所谓“单纯”或“片面”追求升学率的做法。

在这样的背景下，陈孟昭校长顶住压力，坚持按照教育规律办学，她多次表达自己的教育思想：“办学一定要把办学思想搞端正，重点中学就重在全面质量上”；“以教学为中心，贯彻德智体全面发展的方针，是学校工作的一条根本规律”；“对全面发展的培养目标不能动摇，不能含糊”。在陈孟昭校长的带领下，校党政领导班子牢固地确立了学校工作要以教学为中心，全面贯彻全面发展的方针，全面提高了教育质量，顶住了片面追求升学率之风，使市西中学走上了健康发展的道路。

80年代初，陈孟昭校长认为，“课外活动是充分发展

学生志趣、特长和才能的重要阵地”，“是学校实现全面发展培养目标的重要途径之一”。“文革”一结束，学校的课外活动蓬勃发展起来。1979年建立了15个课外活动小组，1980年有31个小组，参加人数为1 029人，1984年与1985年有39个小组。所有这些为学生全面发展提供了更多选择和实践的时间和空间。

1979年之后，市西中学的领导班子，在陈校长的领导下坚持全面发展的教育方针，一如既往地重视体育活动。陈孟昭校长一再表示，体育“要着眼于提高学生的身体素质，不单独追求通过体锻标准，要使学生具有一个健康无病、视力良好，精力充沛，能适应各种艰苦环境和坚持长期学习和劳动的体质”，“要使体育工作成为锻炼学生意志、品格的手段，以及保证学生能有充沛的精力去从事艰苦的学习”。所有这些论述，结合陈校长领导的学校教育实践，既很好地传承了赵传家校长提出的“好学力行”的校训，又为学校的后续发展提供了坚实基础。1986年，学校被再次评为“上海市群众体育先进集体”。

为了使市西中学的教师能逐步认识和掌握教学规律，使市西中学的课堂教学能达到既减轻负担又提高质量的目标，1980年下半年，学校成立了教育科学研究组，联系教学实际，开展科研活动。在一所学校设立教育科研的组织机构，可以说在改革开放初期开中学教育研究之先河。

从1981年到1985年，学校编辑出版了13期《市西教育》。其中收集教师文章78篇，学生文章16篇，有力地推进了对教育实践的总结、反思和研究。

三、进行教学改革，探索教育规律

市西中学在1984年至1987年进行了初中课程整体改革实验。这次实验的目标是，“探索一个符合教育‘三个面向’需要的、从早期开始培养学生具有为社会主义现代化建设服务的、全面发展的、有创造性的新的一代的教育体系”。这次实验是综合性的，包含着课程结构、第二课堂、思想品德教育、考试制度、体育工作等方面。

1987年6月，学校在上海市教育改革经验交流会上作了题为“教改实验的启示”的汇报，提出了“学校教育要不断地改革，勇于探索规律”，“教改实验使我们的教育思想、教育体系获得了一定的变化，学校的工作也有了一定的进步”；提出了“学校教育要有明确的目标并为实现目标而教育”，“我们最终确立的教育目标是：为培养全面发展与个性发展相结合的人才打好基础，为学生成才而教育”。所有这些充分体现了陈校长的教育思想和睿智，有很多对教育的理解和教育理念，在当代教育中仍然具有非常鲜明的时代价值。

1980年到1994年，市西中学作为联合国人口活动基金会和教育部“人口教育”课程全国十所试点学校之一，在学校开设了从无到有，从试点直至推向普及的“人口教育”课程。1984年10月，联合国人口活动基金会组织了评审小组到中国进行评审，对市西中学也进行了评估。评审团认为:“中国的人口教育计划为其他国家提供了一个成功地运用单独开设课程的范例”，一个“成功地运用一套配备有解说词的宣传画的范例”，一个“教师和学生被动员起来并激发出积极性程度的范例”。

20世纪80年代，学校管理体制的改革成了当时的热点，主要目标指向改变当时普遍存在的“大锅饭”现象。市西中学在1984年8月形成讨论稿，在1985年1月形成《市西中学管理改革试行方案》，并从1985年上半年开始试行。试行后，人们感觉到拉开了差距，打破了“大锅饭”。全校出现了要求增加工作量、抢工作做等新气象，广大教师的工作积极性得到了充分调动。

1984年下半年，学校在筹备校庆40周年活动时感到很有必要成立校友会。于是学校成立了校友会筹备组。1985年10月20日，市西中学校友联谊会正式成立，大会上一致通过了《市西中学校友联谊会章程》，选举了第一届校友联谊会理事会，为市西中学30多年来加强与校友的沟通交流，更好地集聚校友资源奠定了基础。

陈孟昭校长在市西工作将近10年，她在拨乱反正的特殊历史时期，既很好地传承了市西中学的教育传统，又为我们市西中学在制度建设、课程教学改革、师资队伍建设以及科研项目的开发等方面的后续发展奠定了基础。

陈孟昭校长对市西中学来说，是一位承前启后的校长，她很好地传承了赵传家校长提出的“好学力行”传统，又开创了改革开放背景下市西中学新的发展纪元，她在七八十年代的教育思想与实践，对当代中国基础教育仍存在时代的价值，在今天市西的课程教学改革中，都可以找到其思想脉络和深远影响。陈校长为我们市西中学今天的发展提供了丰富的思想资源、精神资源和实践操作的经验，这是我们市西中学的宝贵财富。

陈校长的离开对我们学校的发展来说是一个重要的损

失，我相信我们市西的全体教职员工和全体校友一定会化悲痛为力量，在市西中学的发展历程中更好地继承陈校长的遗愿，继承陈校长的教育理念、教育追求，把市西中学的办学水平推向更高的发展平台。

安息吧，陈校长！

2016年12月23日

世界以痛吻我，我却报之以歌

在1968届毕业50周年纪念大会上的致辞

各位老师、校友，各位来宾：

上午好！

今天，在市西中学八楼会场，68届高中（含65届初中）、68届初中近300名校友，返回母校，隆重举行毕业50周年纪念活动。请允许我代表全体师生、广大校友向大家表示最热烈的欢迎，特别是向应邀参加本次大会的当年教师表示最热烈的欢迎和最崇高的敬意，并预祝纪念活动圆满成功。

活动方在这次活动的组织之初就预约我，希望我在纪念大会上讲几句。在诸位长辈面前，我感到诚惶诚恐，不知道怎么说，唯恐词不达意。昨天，我一早就到校，准备今天的讲稿。酝酿冥思中，泰戈尔的一句诗闪过脑海："世界以痛吻我，要我报之以歌。”我想将其改为“世界以痛吻我，我却报之以歌”，以此为主题，不知是否妥帖？

1968年，对我而言是很重要的一年，那年，我来到这个世界。而对各位校友来说，也是非常重要的一年，是值得记忆、品味的一年，是值得50年之后的今天去感悟、去纪念，甚至去反思的岁月。

1968年，那里有大家的青春与理想，那里有大家的激情与梦想，那里也有曾经的疯狂与磨难，那里更有青春激情与疯狂磨难之后的失落与彷徨、冷静与沉思。

那几年，以高度浓缩的方式给各位校友带来了在灾难中阅遍人生百态的可能。在经历痛苦的磨难之后，一大批志士仍然坚守着对国家与人类命运的责任与担当，更加坚定地守护着对真、善、美的追求。20年前，我曾经在一篇小文章中写过：包括68届在内的老三届，几乎与共和国同龄，于是这代人平添了一份自豪，更多了一份责任与使命。因此，老三届在磨难中的觉醒，催生着他们成为推动社会进步的力量，在恢复高考之后，在改革开放的历史进程中，他们成为改革开放的骨干力量，成为主力军，为中国社会、经济和文化发展作出了卓有成效的贡献。

经历了太多磨难的1968届，从来没有向苦难低头，在归于平静的生活中，以更顽强的毅力、更坚定的信念、更理性的批判，直面社会和未来，勇敢地走出了属于1968届、属于老三届的救赎、开拓和创新之路，在各自或平凡或重要的岗位上，创造了属于这代人不平凡的业绩，为世界创造了中国社会、经济、科技、教育等诸方面40年跨越性发展的奇迹。今天在座的市西校友就是为中国发展作出牺牲和重大贡献的68届、老三届的一个缩影：市西的68届中，有奋战在科技一线、国家科技进步特等奖的领衔专家张洪涛先生，有曾主政一方、参与国家经济政策制定与实施的陈德铭先生，有60余岁仍致力于教育国际化、创办上海纽约大学的俞立中先生，有留学后学成回国创办上海第一所民办大学——上海思博职业技术学院的沈小平先生，有在中学教师和校长岗位上工作几十年的陆雪琴女士，更有像我的初中英语教师邬显承先生那样，在平凡而普通的岗位上向北大荒、向小乡村播撒爱心，传播文明的广大校友……在此，向历经这样一个特殊岁月的所有在座的和不在座的校友表示崇高的敬意！

各位68届以及你们所属于的老三届，你们伴随着共和国而生，你们与生俱来多了一份光荣和梦想，你们虽然历尽生活的磨炼与苦难，却以不屈的意志、不灭的精神，用自己的行动和作为创造了中国改革开放40年的辉煌。今天在座的市西68届高中（含65届初中）、68届初中的全体校友，就是这样一代人奋斗的缩影和典型的代表。“世界以痛吻我，我却报之以歌”，是否可以说，这是你们这代人的精神写照。各位校友，市西因为你们而自豪，相信中国也因为你们这代人而骄傲。

各位校友，改革开放40年，中国进入新时代，建设国家、造福人类的使命必将历史地传递给新的一代。当今中国进入了改革开放的深水区，我们也许会面临诸多困难，但是有包括在座的各位校友在内的老三届面对磨难，不屈地奋起，为中国创造了40年改革开放巨大成就，有这样一种精神力量的引领，未来中国一定会拥有更加美好的明天。

市西中学是一所具有厚重历史和传统的学校，始终引领着中国基础教育的改革与发展，今年我们荣获全国基础教育教学成果一等奖。因此，我们也有理由充分相信：在广大校友及社会各界的关心和支持下，市西中学一定会志存高远，好学力行，坚定不移地按照教育规律办学，深化课程教学改革，促进学生全面而富有个性的发展。市西的明天一定会更加美好灿烂。

最后，祝各位老师、各位校友，身体健康，幸福美好每一天！

人生选择：兴趣与责任并重

2013年新解放教育讲坛演讲

各位同学：

“高考志愿与人生规划”，应该是高中学生走向成熟过程中，第一次关于人生这一宏大命题的思考。今天，我想以“人生选择：兴趣与责任并重”为主题，与大家作一个讨论。这一题目中，围绕“人生”这一哲学命题，有三个关键词：选择、责任与兴趣。

一、选择：规划人生的核心能力

人生规划，是每个人对一生的展望与憧憬，体现着一个人的理想与信念。同时，人生有诸多不确定的因素，对理想的追求、信念的坚守以及对未来的期许，蕴含着许多种可能，对每一种可能性的选择，常常会导致不一样的人生。因此，选择，可以说是一个人规划人生的一种核心能力。

所谓选择，就是在两个（甚至几个）对个体而言貌似都有价值的选项中，确定其中一个更加有利的选项，放弃其他对他而言可能也有一定意义的选项；或者是在两个（甚至几个）对个体而言都不利的选项中，确定一个相对弊少的选项，避免更为不利的其他选项的发生。如果两个选项，一个有利而一个无利，谁都会选择有利的，其实这不是选择，或者说是伪选择。

真正的选择一定是痛苦的过程，必须两利中选更佳，两弊中避更差。而这种利弊的权衡与判断，就是一种选择能力。选择的结果可能给人带来红利，也可能带来风险，学校教育应该创造机会，引导学生在学习和实践过程中逐渐学会选择，并指导学生在分享选择带来的成果和承担选择造成的风险过程中，形成对自己的选择和行为负责的思维品质和人格力量。

关于选择还有一个重要的方面，就是利弊的权衡，是与每个人的价值追求直接相关的，不同的价值观对同一事件甚至可以得到截然相反的选择判断。今天，我想与各位同学进一步讨论在填报高考志愿的这一人生选择过程中价值追求的两个方面。

二、兴趣：规划人生的逻辑起点

每个生命个体，都具有自己的特质，会在不同的方面呈现出来，例如：优势智能有差异，优势学习方式有差异，甚至优势学习时间也各不相同……每个人的兴趣爱好都有显著的个体特征。

回顾近现代科技发展史，我们不难发现，在科学技术上作出重大贡献的科学家，他们的科技成果常常是在自己感兴趣的领域取得的，常常始于他们对自然科学和技术某一方面超常的好奇与探究，而且这种探究过程甚至达到痴迷的程度，他们享受这样的过程，因为这是他们的兴趣与爱好所在。

今天，与各位同学就人生规划讨论高考志愿问题，我想问问同学们："你的兴趣和爱好是什么？"如果现在还不能确切回答，那么我再问你们："你准备培养什么兴趣和爱好？"高中学生逐渐长大，应该开始思考人生，规划人生，我认为真正有价值的人生规划绕不开这两个看似简单的问题，其实规划可以从对自己兴趣和爱好开始，填报高考志愿也一样。

关于高考志愿，几年前，我曾经读到过一篇令人揪心的文章，大致内容是这样的：美国一个教育代表团到中国考察，他们到了两所国内著名的大学进行了一个简单的调研，就是随机地问这两所大学的在读学生："你为什么报考这所大学?"学生的回答几乎都是：因为我高考考了高分。从学生的回答中表现出来的认识是："我考了高分，如果不进这样的大学，是一种浪费。"美国专家由此得出一个结论：中国的未来并不可怕，因为中国最顶尖的优秀学生，他们的人生选择基本上都不是基于自己的兴趣和爱好所在。同学们，当我看到这一结论时，我的感受是震惊和担忧。这不仅需要我们高等教育深思，也需要基础教育以及在座的各位同学深思，因为你们都是祖国的未来。兴趣可以说是人生规划的逻辑起点，对于普通人的平凡人生来说，如果从事的职业是自己兴趣所在，那也是人生幸福之一。

三、责任：规划人生的价值体现

责任是一种权利，更是一种义务。权利可以放弃，而义务不能。在我们讨论人生规划的时候，必须对“责任”这一人生命题有一种清醒的认识。

20世纪前半叶，中国许多仁人志士为国家的振兴，在人生选择中交出了他们的答卷：在那个年代，科技救国、实业救国、教育救国……许多有志青年肩负着拯救中国的理想与责任，选择着致力于民族复兴的人生之路。于是，就有了我们至今耳熟能详的“鲁迅弃医从文、钱伟长弃文从理”等案例。

今天，中国已经成为世界第二大经济体，中国已经开始富起来了，中华民族的伟大复兴的时刻正在到来。在座的各位同学，一定会成为实现几代人中国梦的参与者和见证者。这份责任，应该体现在当代高中学生规划人生和报考志愿的行为选择中，这对每位同学来说，是人生发展中不可多得的历史机遇，我们有幸能够成为实现中国梦的见证者，更是时代赋予大家的历史责任，我们应该成为实现中国梦的亲历者、实践者。

每位优秀的高中学生，在思考人生，规划未来的时候，应该要有责任意识，在报考志愿中体现一份担当。当然，每位同学所思考的责任可以有差异，可以是对国家未来的一种担当，可以是人类社会发展的一种使命，可以是对大自然持续发展的一份责任，也可以是对自己身边熟悉的、不熟悉的人们的一种责任……今天在座的各位市西同学，在你们入学的那天，我就与大家讨论过一个命题：市西的学生应该志存高远，这是市西“好学力行”的文化传统熏陶下市西学子的共同追求。

对国家未来的一种担当，对社会进步的一份责任，对他人的一种负责，这是每位优秀学生规划人生未来的价值体现，应该在报考大学时，将这份担当与责任，体现在高考志愿中，体现在人生的行为选择中。

结 束 语

规划人生是一个人对未来的一种期许，可以使自己具有更为清晰的目标和更加坚定的行动，人生就是在追寻目标的过程中感受愉悦和幸福。确定高考志向是规划人生的一个重要历程，这是每位学生长大成人之后第一次重大的人生选择。如果我们能够把高考志愿与人生规划和自己的兴趣与责任很好地结合起来，那么我们的人生一定能看到更好的风景，体验到更多美好的过程和成功的愉悦。

不唯知识，不唯分数，我们还有情怀

第四届高中微电影大赛颁奖典礼致辞

各位领导、嘉宾，各位同学、老师：

下午好！

由市西中学一批学生发起策划组织的微电影大赛，今年进入了第四年。今天，由学生一手策划的上海市高中生第四届微电影大赛暨第二届公益片大赛，颁奖典礼在这里隆重举行，请允许我代表学校向关心支持教育，以不同方式支持学生举办微电影大赛的社会各界和热心人士，表示最衷心的感谢！向积极参与并向大赛组委会提交作品的学生和指导教师表示衷心的感谢！向近半年以来，策划、组织本次大赛，精心筹划颁奖典礼的市西学子及校内外指导教师表示衷心的感谢！

教育是什么？教育的目的是什么？当今社会，有太多的人已经忘却了“教育是为什么而出发”。市西的一批十六七岁的莘莘学子，以及他们的同龄人，正在用他们的行动诠释着他们的理解，诠释着他们对社会、对人生、对教育、对世事百态“不一样”的理解。他们以“不一样”的视角解读着“不一样”的社会，“不一样”的人生，“不一样”的你、我、他，所有这些“不一样”的思考，构成了本届微电影大赛的主题“不一样”。

教育应该努力让每位学生成为更好的自己，让学生懂得信任和尊重，懂得关爱和包容，懂得责任与感恩……懂得怎样才能“成为更好的自己”。来自长三角的携带108部作品的参赛学生团队，正以自己的行动回应着这个问题。学校是学习知识、培养能力和提高素养的场所，然而在学校的学习，不应该仅仅为了学习一点知识，更不应该仅仅为“分数”，教育是一个让人实现从自然人向社会人转变的过程，因此，教育更应该有“诗和远方”，更应该有理想和情怀。

上海市高中生第四届微电影大赛暨第二届公益片大赛，以“不一样”为主题，108部参赛作品所有担任编、导、演和制作人员的高中生，将自己对社会和人生的关注拓展到公益领域，也许这种关注仅仅是开始，可能还显得稚嫩，甚至可能幼稚而肤浅，然而这种开始，恰恰是我们这个时代的高中生，用自己的行动在改变自己的过程中，悄悄地改变教育，改变这个世界。因为，从微电影作品中，我们看到了十六七岁的高中学生对社会和人生“不一样”的思考，开始关注人生的意义和价值，关注人类的命运和未来。所有这些表明，当代高中学生，正在用自己的行动告诉世界：不唯知识，不唯分数，我们还有诗和远方，还有理想和情怀！

最后，再次感谢所有关注并为本次大赛付出辛勤劳动的嘉宾、教师和同学。谢谢大家！

2017年5月28日

18岁，意味着什么？

市西中学2017年成人仪式致辞

各位同学、老师、家长代表：

上午好！

今天，我们在这里隆重举行18岁成人仪式，请允许我代表学校向全体高三同学今年年满18岁，正式成为成年人中的一员，表示最热烈的祝贺！向陪伴各位同学18年，为每位同学撑起一片蓝天的各位家长，表示最衷心的感谢！向从幼儿园开始陪伴每位同学成长，为每位同学从懵懂到成熟，谆谆教导，悉心付出，今天在场和不在场的、现在和过去的老师们表示，最衷心的感谢！

各位同学，今天，我们举行18岁成人仪式，此刻，你想到了什么？我想，今天至少需要思考一个问题，那就是："18岁，意味着什么？"

18岁，意味着成熟，意味着独立和自由。18岁之前，你的父母和老师，为你的生活和学习撑起了一片天空，为你遮风挡雨，陪伴着你一路前行，彼时的你，即使独立的意识逐渐觉醒，然而本质上不独立，因此，你其实并不自由。今天，你手持宪法，面对国旗庄严宣誓："我成人了！"从法律上看，从此你独立了，从此需要你为自己，逐渐为他人，为社会撑起一片晴空，这是你因成人而独立的标志，同时你也会因为独立而自由。今天，在各位同学18岁成人之际，我特别想与大家讨论两个话题。

其一，独立与责任。塑造独立而健全的人格，这是教育的目标，也是市西的教育传统。独立的人格具有丰富的内涵，担当责任的意识和行为是其中一个重要的组成部分，责任是一种权利，更是一种义务。权利可以放弃，义务不能。成人，意味着责任与担当，市西中学在"好学力行"的文化传统引领下，对学生的发展明确提出了"尊重规则会选择，合作包容有爱心，实践创新善质疑，身心健康全人格，胸怀天下担责任"的培养目标。"胸怀天下担责任"，这应该是市西学子永恒的价值追求，期待着各位同学"志存高远，好学力行"，承担起对自己、对他人、对社会、对大自然的责任。

其二，自由与规则。自由因独立而生，然而自由是有边界和规则的。规范自由的最基本准则和底线是“不影响他人和社会的存在与自由”，由此建立起来的民主制度和法律规则，是每个人拥有独立而自由灵魂的基础。市西中学一直倡导“选择形成责任，规则造就品德”，中国的社会和政治，一定会坚定地走在民主与法治建设的发展道路上，中国一定会成为一个更加民主、法治、文明、富强的国家。而在这一过程中，需要每位同学具有对这一目标实现的坚定信念，并成为实现这一目标坚定的践行者和推进者。当前全国的空气质量经常很差，经常出现一些雾霾，这是自然环境，我相信经过治理一定会好转，同时，我想告诉同学们：即使在雾霾难以驱散的环境中，也要保有一颗纯净而自由的灵魂，坚守自己独立而健全的人格，不能让自己的心灵笼罩在雾霾中。

各位同学，18岁，意味着成长，意味着独立与责任，意味着自由与规则。18岁，意味着更加广阔的人生舞台，已经展现在大家面前，同学们，准备好了吗？期待着你们：怀揣梦想，心存感恩，志存高远，好学力行，努力让自己成为更好的自己，一路前行。请各位同学记住：27年之后，让我们一起见证人生心愿启封的时刻，老师会在市西等你回家！

2017年3月3日

理想照亮现实，信念开创未来

人，不能没有理想。

物质是支撑人类维系生命的基本需要。

然而，当物质条件足够充裕的时候，我们是仍然一味地追求物质的丰富，还是应该有一些精神与文化的追求？

人，应该有远大的理想。

“少年智则国智，少年富则国富，少年强则国强……少年雄于地球，则国雄于地球。”梁启超的《少年中国说》激励着一代代学子少年立志，“为中华之崛起而读书”指引着先辈们为中华民族的独立解放而不懈奋斗。

彼得·圣吉在一场报告结尾时提问：“一个企业没有利润不能生存与发展，然而，一个伟大的企业仅仅是为了追求更高的利润而存在吗？”他进一步追问：“在座的各位没有呼吸氧气就无法活下去，但是你们仅仅是为了呼吸更多的氧气而活着吗?”是啊，不仅企业应该如此追问自己的存在价值，每一个人都要自省自己活着的目的与意义。个体的理想，只有与国家的命运、人类的进步和社会的发展结合起来，才会具有更高的价值，具有更加深远的意义。

人的理想应该扎根现实。

每个人的理想都是基于个体现实，对未来的一种期许畅想和愿望憧憬。当一个人的理想与现实无缝融合，可以成为催人持续奋进的内驱动力，成为人生的指路明灯。

我们这里所说的“现实”，既包括个体的现实，又包括社会的现实；同样，“理想”包括个人价值的实现和社会价值的实现两个方面。人类个体的价值总和构成着社会价值，社会价值的最大化以个体价值的最大化实现为基础。因此，扎根于现实的理想，可以理解为以社会价值最大化的实现为目的和出发点，进而实现个体价值最大化的愿景和追求。

目前，高考招生改革正在深入推进，广大中小学校开始重视生涯教育，加强对学生的生涯指导。这是对学生实施远大理想教育的重要途径。我们开展生涯教育时，不仅要重视学生的个体特质，引导学生发现兴趣、聚焦志趣，满足学生未来发展需要，促进学生持续学习与发展，更重要的是引导学生把生涯规划和人生目标与国家发展、社会进步和人类命运结合起来，确立远大的共产主义理想和中国特色社会主义共同理想，并为此孜孜以求，成为激励自己不断奋进的强大动力。

追寻理想，需要坚定的信念。

坚定的信念，赋予理想追寻者正确对待过程与结果的勇气和信心。美好理想的践行过程常常是艰难的，需要付出艰辛的劳动，而且艰苦的付出不一定能够带来美好的结果。坚定的信念，可以让理想追寻者重在过程，看淡结果，坚守理想，勇敢前行。坚定的信念，可以让理想追寻者坚持“参与是走向成功的第一步，自信是取得成功的基础”，信心满满地在参与中走向未来，走向成功，去拥抱追寻理想的美好过程。

坚定的信念，引导理想追寻者坦然面对得失与成败，给予人们在失败与挫折中持续奋起的不竭动力。在理想的追寻过程中，不可避免要面对挫折和失败，有的人往往经历了一两次失败就被击倒，再也没有站起来，而成功者相反，屡败屡战，“胜固可喜，败亦欣然”。

远大理想，犹如人生路上的一盏明灯。

坚定的信念，恰是追寻理想的不竭动力。

具有远大理想和坚定信念者，一定会勇敢地走出一条属于自己的人生之路：坦然面对成败得失，在轰轰烈烈的追寻过程之后，欣然接受人生的每一种结果，将酸甜苦辣都当作人生的养料，小心珍藏，并继续一路向前，去开创美好的未来……

原刊于《人民教育》2018年第22期

“漫思”教育2020后

2020年，是中国全面建成小康社会、实现第一个百年奋斗目标的决胜之年，也是《国家中长期教育改革和发展规划纲要（2010—2020年）》的收官之年。畅想2050年中华民族伟大复兴第二个奋斗目标，“漫思”2020年后的中国教育，我深感作为教育工作者的责任与使命。面对现实，展望未来。在2020年来临之际，陈玉琨教授多次提及：“适合学生的教育，只讲对了一半，应该还有一半是引导学生适合教育。”我想由此谈些体会，与大家分享。

一、教育之合规律：适合学生的教育

《纲要》指出："坚持以人为本、全面实施素质教育"，"其核心是解决好培养什么人、怎样培养人的重大问题"。

培养什么人，这是教育的目标问题。教育目标的贯彻与落实需要由课程来支持。为此，在我国基础教育全面深化课程改革的十年间，国家、地方和学校从不同层面通过课程开发与实施、课程管理与评价的建设与优化，努力建构适应每一位学生发展需要的课程体系，为学生提供适合的课程，这不仅成为社会的普遍共识，也成为教育工作者践行"合规律"教育的基本要求与行为准则。

怎样培养人，这是教育的方式问题。根据《纲要》提出的注重"学思结合""知行统一""因材施教"等要求，各级各类学校遵循教育规律和人才成长规律，创新教育教学方法，探索各种培养方式，努力提供适合学生的教育方式，促进了不同学生全面而富有个性的发展。

《纲要》实施的十年教育实践，围绕"培养什么人，怎样培养人"这一重大问题，通过一系列的教育改革与探索，致力于提供适合学生的课程与方式，践行了提供适合学生教育的理念，更好落实了教育合乎规律的客观要求，有效推动了教育改革，实现了教育更加公平而有质量的发展。

二、教育之合目的：引导学生适合教育

《纲要》强调："百年大计，教育为本""国运兴衰，系于教育；教育振兴，全民有责"，教育要"优先发展，育人为本，改革创新，促进公平，提高质量"。因此，教育不仅要合乎规律，更要合乎目的。

2018年9月10日，习近平总书记在全国教育会议上强调："党的十八大以来，我们围绕培养什么人，怎样培养人，为谁培养人这一根本问题"，在实践中提出了一系列新理念、新思想、新观点，"我们的教育必须把培养社会主义建设者和接班人作为根本任务，培养一代又一代拥护中国共产党领导和我国社会主义制度、立志为中国特色社会主义奋斗终身的有用人才"。

近年来，国际和国内形势更加突显了"为谁培养人"这一问题的重要性。"为谁培养人"，这是一个教育目的与方向问题，如果教育的目的与方向出现了偏差，我们所培养的人能力再强、素养再高，也对国家的发展与社会的进

步益处不大，甚至可能能力越强、素养越高，这些人对于国家与社会的破坏力越大。

教育必须有正确的目的与方向，“培养什么人，怎样培养人”必须有一个最根本的前提和基础，那就是“为谁培养人”。因此，“适合学生的教育，是最好教育”这一观点并不完全正确，这一观点停留在“合乎规律”的科学性讨论的层面，“适合学生的教育”也有可能背离了教育方向与目的要求。

所以，作为教育工作者不仅要注重“适合学生的教育”，而且要根据教育目的与方向，努力“引导学生适合教育”。简而言之，教育不仅需要“合乎规律”的科学实施，更需要“合乎目的”的价值选择。

三、“漫思”2020后：知识学习移出传统课堂

人工智能等信息技术迅猛发展与广泛应用，正在改变着世界，改变着人类生存与生活方式。这是一个变革时代，一个需要哲学系统思考与社会伦理重构的时代。技术与教育的深度融合，也必将改变教育，教育必将因信息技术的融入，而像医学一样更加突显教育作为专业的技术特质。

面向未来的教育，教什么、学什么，怎样教、怎样学，课堂教学必将随技术的应用而发生根本性的变革，这样的变革本质上是一种教育“合乎规律”的实践。上海市市西中学在荣获全国基础教育教学成果一等奖“思维‘广场’撬动教学深度变革，实践‘优势学习’的研究”基础上，启动了主动探索未来学校存在形态的实践性研究项目——“漫思”（MINDS）实验室，明确提出了通过技术的应用，再造课堂教学流程，将知识学习移出传统课堂的变革实践。

从人类社会与教育发展史考察，学校教育的存在形态已经经历了两个阶段：第一阶段是农业社会一种基于物质世界需要互联的学校；第二阶段是在工业社会基于载波世界信息互联的学校，今天正在迎接的是面向未来基于精神世界智慧互联的学校。在基于精神世界智慧互联的学校中，知识学习移出传统课堂不仅可能，而且将成为现实，技术广泛而深刻的应用，使每个人包括每位教师和学生，既是学习者，又是智慧与思想的贡献者，所有人智慧与思想的互联，构成了学校的一种存在形态，每个人在学校中学习着、交流着、分享着。由此，学校成为所有成员智慧与思想的共同体。

在“漫思”实验室这样的未来学校中，将知识学习

“合乎规律”地移出课堂，在传统的课堂之外，运用互联网络、移动终端等技术与资源，足以实现适合学生的教育。而在课堂教学中，可以更好地“引导学生适合教育”，使教育“合乎目的”，更好地体现教育目的与方向性要求，更好地关注能力培养与素养提升，更好地实现思维的培育和思想的创生。

总之，“漫思”教育2020后，我们应该更加关注“培养什么人，怎样培养人，为谁培养人”这一根本性问题，使教育体现“合规律”和“合目的”的要求，坚持兼具“适合学生”和“引导学生适合”的教育，才是最好的教育。特别是面向技术与教育日趋深度融合的未来，我们不妨探索将知识学习移出传统课堂，在课堂中更加专注于引导学生适合教育，这也许会是2020年后教育改革与发展的走向之一。

原刊于《中国教育报》2020年2月5日第3版，题为《二〇二〇：更专注于引导学生适合教育》

“三个面向”的现实启示

1983年，邓小平同志为北京景山学校题词：“教育要面向现代化，面向世界，面向未来。”这“三个面向”，高度概括了教育的价值选择及思维方式，精辟地指出了教育的目标和任务。

教育要“面向现代化”，这是教育的本质要求。人是自然属性与社会属性的统一体，在自然人向社会人转变的过程中，现代教育发挥的作用越来越显著。教育现代化，不仅仅是教育设备和条件的现代化，更重要的是表现为教育目标、内容和方法的现代化。从目标而言，教育要根据社会的需要把学生培养成具有现代文明与精神的合格公民；从内容上说，教育担负着传承、传播、发展、创生文化的重任，担负着综合育人的使命，应该以先进的理念、开放的知识去培养每个时代的学生；就方法而言，就要追求教育方法和技术的科学化，运用最新的教育理论和科学成果创新教育技术。例如，当前可以探索运用脑科学的最新成果和多元智能的优势智能理论，开展个别化教育的实践研究。因此，教育要现代化，就是要体现时代精神和要求，来明确教育的目标和任务，创新教育技术与方法，使教育更好地顺应学生的天性，促进学生健康快乐地成长，更好地满足社会发展的需要。

教育要“面向世界”，明确了教育的空间方位。我们的教育必须面向世界，教育不应该仅仅局限于学校，局限于课堂。教育面向世界，首先表现为教育的国际化，这要求当今的教育应该致力于培养兼具国际视野和本土情怀的优秀人才。交通工具的改进，信息技术的发展，地球上的时空“距离”迅速缩短，经济的全球化促使地球村成为现实，在这样背景下的教育，必须在培育学生民族精神，传承民族文化的基础上致力于学生国际视野的拓展、国际理解和交流能力的培养。教育国际化是教育面向世界的客观要求和基本内容，同时，我们应该认识到“世界≠国际”，教育要面向世界的内涵至少还应该有另一个重要的方面，那就是教育要面向人类所生活居住的地球，面向与人类息息相关的自然环境和社会生态，这样才能更好地让人们明了教育所处的时空，明确教育在人类进步、社会发展和环境保护等方面的责任和使命。因此，教育要面向世界，就是要求教育走出课堂，走出学校，走向国际，走向社会，走向大自然。

教育要“面向未来”，体现着教育的价值选择。未来与过去相对，而教育则处在过去与未来的连接点上。“面向未来”为我们对学生培养目标的确定指明了方向：教育是用过去的知识，培育现在的学生，以满足未来社会建设与发展的需要。从这一角度来分析，教育者应该有“先知先觉”的胆识与勇气，根据社会和历史发展的规律，试图去描绘未来社会的蓝图，建构未来人才的知识与能力结构，由此来设计教育的目标和任务，开发课程并实施教育。因此，教育面向未来，需要教育者不仅具有渊博的知识，具有对当代学生和社会现状的认知，还需要教育者具备对社会发展方向和未来人才需求的敏锐感知，这必然要求教育家办学，要求广大教师中涌现更多的教育家。

邓小平同志的“三个面向”不仅在改革开放之初对中国教育发展产生了深刻的影响，而且对当前中国教育的改革与发展依然具有深远的指导意义，甚至可以说：“三个面向”对教育而言，具有一种普世的价值。

原刊于《上海教育》2012年第28期

后　记

终于，完成了书稿的校对，可以静下心来写后记了。写文章，对于学数学、教数学的我来说，一直是件非常煎熬的事，冥思苦想几天，也挤不出多少字。连续几天，我读着自己的文字，想想在市西中学的十年间，竟然也累积了十余万字，说实在，也有点被自己感动。

多年来，很多朋友都以不同方式鼓励我汇编出版这本书，他们认为我在“第一教育”等新媒体上发表的文章，不仅对中学生有教育的价值，而且对广大教师和家长也会有一定的启发性，在当下社会对教育问题普遍焦虑的背景下，可以引发人家对教育本原价值的思考与追寻。

真正让我下决心从电脑中翻找十多年的文稿并逐一修改汇集的，是华东师范大学的倪文尖教授。我与文尖相识于1985年的丽娃河畔，大学四年，他在河东中文系，我在河西数学系，我们因为一起做学生干部工作而相识。1989年大学毕业之后，失联很多年，一直到我入职市西中学，我俩重逢，友情更胜往昔。我也慢慢加入了文尖兄文学界、出版界的朋友圈。这似乎是在悄无声息中，推动了这本小书的汇编出版。

经文尖兄引荐，我与罗岗和毛尖两位教授相识恨晚。这两位都不是一般的教授，在我眼中更是可爱的朋友、好玩的人。罗岗兄学识渊博，大嗓门、问不倒，备受朋友欢迎、学生爱戴。毛尖教授是宁波老乡，堪称女中豪杰，当年她就读的效实中学，是宁波学子向往的学校。如今她的影视剧评论，妙语连珠，金句迭出，身边许多朋友都抢着看。还有在各自领域独树一帜的孙甘露、雷启立、陈恒、朱国华、季桂保等教授，在日常聚聊互动中，他们总是不会忘记提醒我汇编这本书。

感谢世纪出版集团黄强、阚宁辉两位老总和上海人民出版社陈茜、薛羽，以及责任编辑张婧易、魏若宁，感谢光启书局为本书做了精心的策划和编辑。在大家的努力下，我的书稿终于即将付梓。感谢他们！

这本小书有幸请到俞立中和王为松两位市西中学校友

赐序。俞校长1968年毕业于市西中学，留英回国之后，长期在华东师大工作，先后担任上海师大和华东师大校长，年逾六十之时，仍致力于创办上海纽约大学，探索中国高等教育国际化合作办学与发展之路，深受广大家长和教育工作者的认可和敬重。俞校长连年担任市西中学校友会会长，始终关注着市西的发展，为学校出谋划策。当我提出作序请求，他一口答应，并不顾身体不适仍抽空完成，让我感动万分。为松兄1985年毕业于五四中学，因1994年五四中学整体并入市西中学，而成为广义的市西校友，他与文尖又是老乡，于是从一开始就被推举为作序人，颇有点逼迫的味道。好在为松兄见多识广，对教育也有话要说，不仅欣然接受了写序的任务，还为这本书的出版提供了许多有价值的意见和建议。

这本书稿中的理念与实践，应该说都是在静安教育开放与包容的沃土上萌发、滋长而来。静安区教育局陈宇卿、徐承博、吴丽萍、姚国强等历任领导都给予了充分的信任和支持，为我提供了按照教育规律依法办学的宽松环境，静安教育基金会张连根理事长对市西中学的教育创新项目提供了必要支持。特别是，陈宇卿局长十七年如一日，坚定地支持我践行教育理想，关注学生全面而富有个性的优势学习与发展，我们甚至于大年三十还在他的办公室一起讨论教育，谋划市西新一年的改革项目与教育实践。

而且，市西中学是一所富有传统的品牌学校，教育文脉可以追溯至1870年创办的“尤来旬学校（Eurasia School）”，1946年命名之后的首任校长赵传家，任期从1946年至1974年，整整28年，此后陈孟昭、孙志文、杨安澜、顾正卿四位校长带领团队持续推进教育改革的实践探索，引领上海乃至全国的学校课程教学改革，逐渐铸就了“海纳百川的历史渊源，兼容并包的教育情怀，好学力行的文化传承，敢为人先的教改精神，追求卓越的执着信念”的“海派”教育特质，为市西持续深化教育改革奠定了基础。

另外，在育才中学工作的11年，是我感悟教育本原价值的一个重要时期，段力佩、张孝梅、俞克斌、童永歙、袁是人等校领导的言传身教，让我逐渐明白“什么是教育？”例如：段校长一直强调“学校不是教堂，而是学堂”，必须重视学生的“学”；青年教师一定要大胆尝试，没有条件，要学会自己去创造条件。又如，曾担任15年区长的童校长强调：“教育必须超前于社会经济发展。”在我担任副校长期间，校领导安排我同时分管德育和教学，要求我编制了上海市第一份学校课程计划，1998年就基本实现了“上午必修课，下午走班和选修课”。

在此，向在静安进行教育工作期间中给予我关心和支持、信任和包容的领导和同仁，表示最衷心的感谢！

可以说，在华东师范大学的学习与进修，贯穿了我工作的全过程。诸多领导、专家和老师给予了悉心的指导和真情的帮助。我本科期间的辅导员杨昌利老师，研究生期间的导师陈玉琨、吴志宏、郅庭瑾等教授对我悉心的培养与指导，以及在我不同阶段先后相识的同学和校友陈金辉、赵军山、冯志刚、蓝发钦、由文辉、吴坚、李志聪、李华荣、徐向东、王洋、杨振峰、王瑞等，对我持续的鼓励和支持，坚定了我追求教育理想的信念，推动着我持续探索按教育规律办学的技术路径。此后，我多次参加教育部中学校长培训中心以及上海市区各级各类的培训和学习，其间，代蕊华、戚业国、沈玉顺、刘莉莉、田爱丽等教授，以及我的学校管理实践导师张人利、张建平校长，始终关心、指导着市西中学的教育改革与发展。在此，向悉心教导我成长，关心、指导市西中学发展的所有专家、老师和同学，表示最衷心感谢！

在多年的教改实践与探索中，一批领导与专家始终如一给予我关心、指导和支持。上海市教委张民生、瞿钧、尹后庆、李骏修等老领导，对市西中学这十年的课程教学改革给予高度关注和充分肯定，以及孙元清、郑方贤、王厥轩、徐淀芳、苏忱、顾志跃、吴兴宏、傅禄建等专家，给我提供了悉心指导和全力支持。还有，一批大学教授和专家，为市西中学的课程教学改革，提供了全力的支持和指导。例如：2012年以来，倪闽景、周政为、纪明泽、汤林春、徐士强、张治、周彬、王洁、王俭、张俊华等专家，关心学校每一阶段教改项目的设计与实施；2014年以来，熊斌、谈胜利、濮晓龙、沈怡如、周宏、刘森等教授，先后为数学、语文、英语等学科教改项目，提供了相应的指导；2021年创建学术性高中以来，复旦大学潘伟杰、孙兴义、薛军工、薛磊，上海交通大学杨华，同济大学周斌、安娜、李光明等教授，为市西中学研究院相应课程的研发与实施，提供了全力的支持。在此，向所有关心、支持和指导我成长的所有领导、专家和教育同仁，表示最衷心的感谢！

借此机会，我更要感谢担任校长期间的合作伙伴方秀红、朱娴华、徐怡敏、范渝良等校级领导，以及上海市育才中学、育才初级中学、华东模范中学、市西中学的全体教职员工对我工作的理解、支持和包容！特别是，向市西中学所有教职员工，在这十多年中为学校和学生的发展做出的努力与贡献，表示最诚挚的感谢！并感谢理解、支持和包容市西中学办学的所有校友和家长，以及一直以来给予我及市西中学帮助、支持和指导的社会各界及领导、专家、亲友！

需要说明的是，本书的各类讲稿都是根据现场实录整理记录而成，为保存文章的真实和完整，未作删减，故一些文章开头与结尾存在不少类同的表述。而且，由于对学生的教育具有连续性、持久性和反复性等特点，有些教育理念、观点以及教育实践，也会在不同的讲话或文稿中重复出现。所有这些，还请大家多多包涵。同时，由于本人写作水平和文学功底有限，对教育的理解可能也存在局限，文中一定存在表述不够准确，或者值得商榷之处，敬请教育同仁和广大读者批评指正。感谢你们！

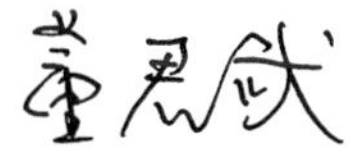

2023年10月31日

守望思想　逐光启航

LUMINAIRE
光启

成长与责任——董君武校长谈教育

董君武 著

责任编辑　张婧易　魏若宁
营销编辑　池　淼　赵宇迪
装帧设计　陈绿竞

出版：上海光启书局有限公司
地址：上海市闵行区号景路 159 弄 C 座 2 楼 201 室　201101
发行：上海人民出版社发行中心
印刷：上海雅昌艺术印刷有限公司
制版：南京展望文化发展有限公司

开本：890mm×1240mm　1/32
印张：10.875　字数：173,000　插页：2
2024 年 5 月第 1 版　2024 年 5 月第 1 次印刷
定价：59.00 元
ISBN: 978-7-5452-1997-5 / G・6

图书在版编目（CIP）数据

成长与责任：董君武校长谈教育 / 董君武著 .—
上海：光启书局，2024
ISBN 978-7-5452-1997-5

Ⅰ . ①成…　Ⅱ . ①董…　Ⅲ . ①中学教育－文集　Ⅳ .
① G63-53

中国国家版本馆 CIP 数据核字（2024）第 068742 号